KB262882

KOREAN

EASY Self-Study

Live　Story　Korean

감수 **최정순** 교수　저자 **이기영, 윤지원**

step
2

KOREAN
EASY Self-Study

step 2

As the interest for the "Korean wave" and Korean culture has heightened, there is an increase number of people who wish to learn the Korean language. Now, individuals yearn to learn Korean by themselves instead of attending classes at institutions.

This book has been put together for foreigners and overseas Koreans who self study Korean as a foreign language.

This book is targeted for beginners of the Korean language, those who have a basic understanding of Hangul, or the Korean alphabet. Basic expressions have been presented in the 'Getting Ready' section of book 1. The following chapters will consist of materials fit for studying the language itself.

Today, with the expansion of social network sites, it is easy to make friends worldwide. Thus, connections between Korean learners are becoming more widespread. This book takes this fact into consideration, and starts with the story of Korean learners from different parts of the world, and a Korean national, building relationships through online chatting. The story develops into one where Jacques (French), the main character, visits Korea. Book 1 (13 Chapters) begins with the scenes before Jecques comes to Korea, and primarily covers conversations while chatting online. In Book 2 (13 Chapters), Jacques comes to visit Korea letting the learner experience Korea through different situations. Each chapter deals with different topics but they are all part of one big storyline. When organized this way, the learner develops anticipation for the next conversation every time a chapter is finished. It will help the learner to be engaged and interested, and therefore prevent the learner from getting bored, while studying alone. Moreover, this book will make it possible for the learner to prepare for various kinds of Korean tests including the Test of Proficiency in Korean (TOPIK) through working on essential grammar and varied types of exercise questions in each chapter.

The Introduction of characters that come up frequently in the book.

Each chapter is organized as follows.

The aims of the lesson → conversation → new vocabulary words and expression → pronunciation → grammar → reading → related expressions → practice exercise (vocabulary, grammar, listening, reading, and writing) → self-evaluation → culture

◎ New Vocabulary: Definitions of new vocabulary words and expressions in the reading passage are translated to help the learner's understanding. Also, samples of vocabulary words are given to expand their usage.

◎ Essential Grammar: Four essential grammar points are presented in each chapter. Translated explanations of the essential grammar points are given to help the self-educating learner understand the grammar points accurately.

◎ Exercise: The exercise questions consist of vocabulary words, grammar, listening, reading, and writing. Exercise questions for each skill are intended to improve the learner s accuracy by checking and examining understandings about the presented grammar. Moreover, the writing exercises on the squared manuscripts allow the learner to become familiarized with the spacing of the words in the Korean language. It is possible to prepare for Korean tests through working on the various types of questions.

◎ Self-Assessment: At the end of each chapter, learners can monitor their progress through a self-assessment check.

Contents

Chapters

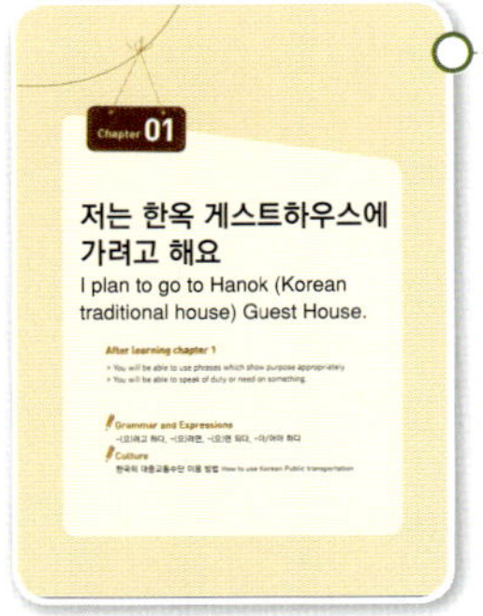

The aims of the lesson

Each chapter suggests what can be learned and how to use the different elements of grammar.

Dialogue

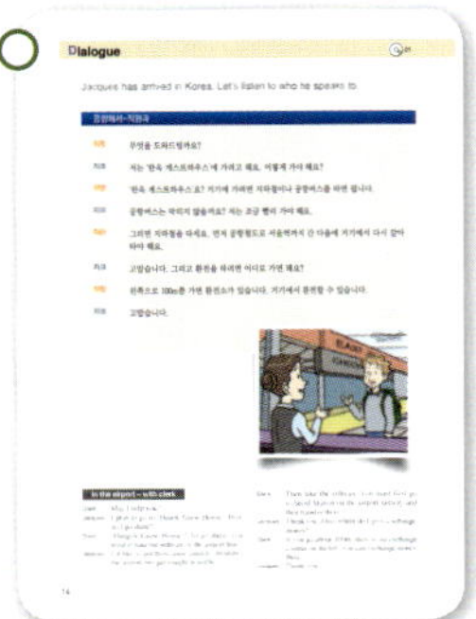

The conversations includes newly introduced grammar usage centered within the topic and serves as a tool to help understand new expressions and grammar by oneself.

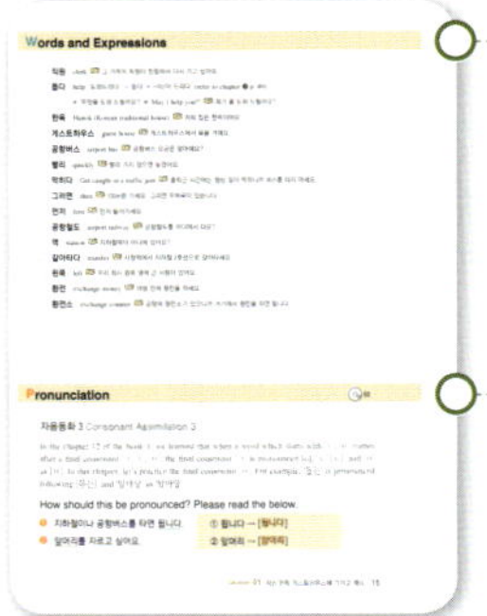

New Vocabulary words and Expressions

New vocabulary words and expressions in the conversations are translated to help the learner for better understanding. Also, samples of vocabulary words are given to expand their usage.

Pronunciation

Enables the learner to practice pronouncing difficult words and pronunciation rules within the conversations by giving additional suggestions.

Grammar

Each chapter includes four essential grammar rules. Translations of these rules are given to enable the learner to have concise understanding.

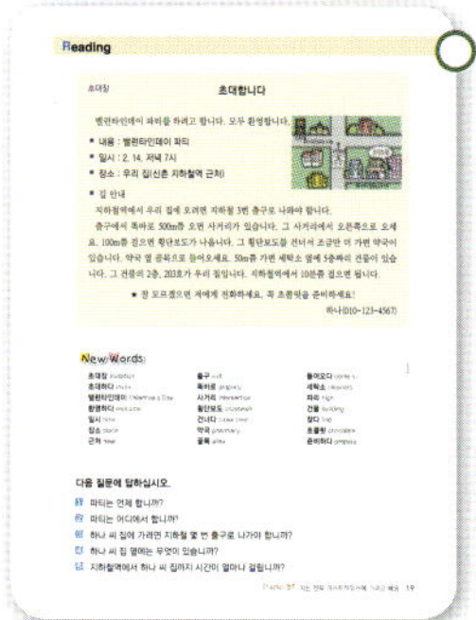

Reading

The reading sections provide a literary approach to the language. There are questions given to check understanding of the given texts. New vocabulary words and expressions are given in translation.

Additional Vocabulary

Vocabulary words that are related to each chapter's main idea are given to expand the usage.

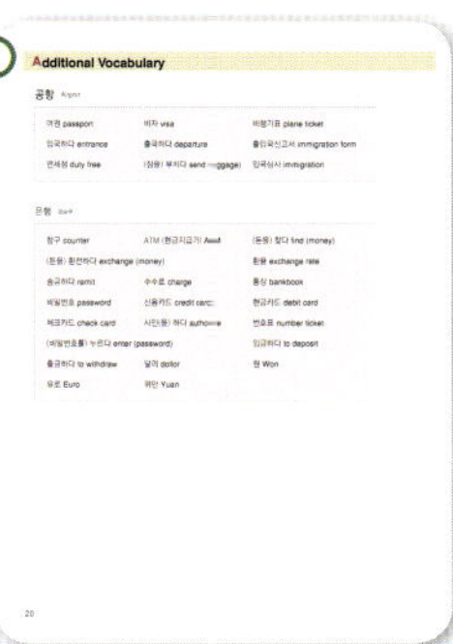

Test Yourself

The practice questions consist of vocabulary words, grammar, listening, reading, and writing. This is to improve the learner's accuracy in using the language. Moreover, the writing exercises on the squared manuscript paper allows the learner to be familiarized with the spacing of the words in the Korean language. Most of the questions given allow the learner to be able to prepare for the TOPIK test.

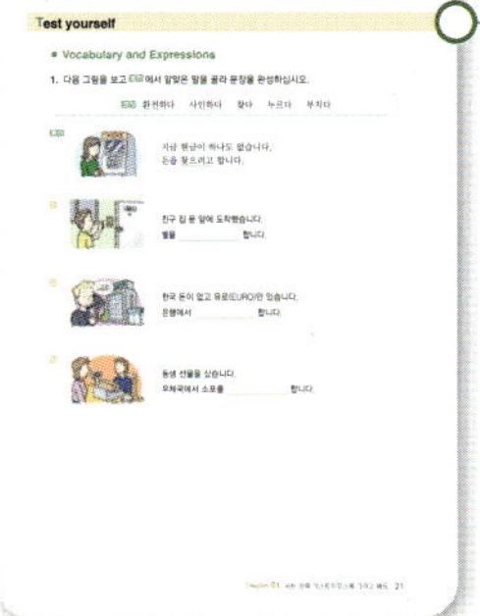

Self Assessment

At the end of each chapter, learner's can monitor their progress through a self-assessment check.

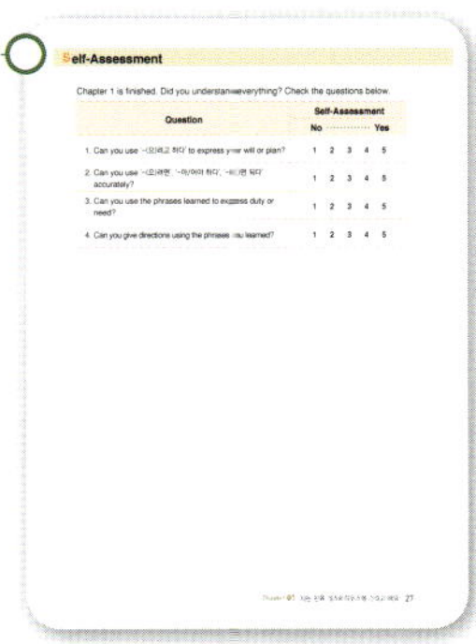

Culture

At the end of each chapter, Korean culture that is related to each chapter's idea or theme is given.

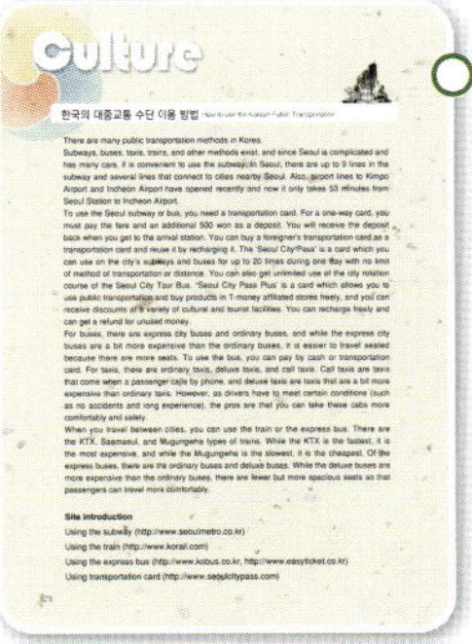

Chapter	Title	Theme	Grammar and Expressions
1	I plan to go to Hanok Guest House.	Guiding the way	· –(으)려고 하다 · –(으)려면 · –(으)면 되다 · –아/어야 하다
2	Don't smoke cigarettes in the room.	Rules	· –(으)ㄹ 수 있다/없다 · –지 말다 · –아/어도 되다 · –(으)면 안 되다
3	When shall we meet?	Promises	· –(으)ㄹ까요? · –지요? · –(으)ㅂ시다 · –(으)ㄹ게요 · –(으)ㅁ
4	I went to the Pusan Sea last week.	Experiences 1	· –아/어 보다 · –네요 · –(는)군요 · –아/어 주다
5	It has been a little over a year since I've been learning Korean.	Experiences 2	· –(으)ㄴ지 · –(으)면서 · –(으)ㄴ 적이 있다/없다 · –기 때문에
6	I'd like to get an autograph. Do you want to go too?	Suggestion	· –(으)ㄴ/는 · –(으)ㄹ래요? · –(으)ㄴ/는데 · –(으)ㄴ/는 것 같다
7	This is the most beautiful place I have ever been.	Palace (comparison)	· –밖에/–이나 · –보다 (더) · 제일/가장 · –기로 하다
8	I'm thinking of going to see the university or go to Insadong.	Plan	· –고 나서 · –는 게 어때요? · –거나 · –(으)ㄹ까 하다
9	I think friends will like Korean souvenirs.	Shopping	· –(으)ㄹ– · –(으)ㄹ 것 같다 · –는 게 좋겠다 · –지만
10	Wow, it looks really delicious.	Food	· –(으)ㄹ 때 · –마다 · –아/어 보이다 · –(으)ㄹ까 봐
11	I almost fell asleep while meditation.	Temple stay	· –(으)시– · –다가 · –(으)ㄹ 뻔하다 · –기
12	I've learned a lot about Korea snice coming here.	Thoughts	· –아/어서 · –게 · –게 되다 · –처럼
13	Let's talk using intimate style from now on.	Epilogue	· 반말 · –잖아(요) · –ㄴ/는다

Pronunciation	Vocabulary	Reading	Culture
Consonant Assimilation 3	Airport, bank	Invitation.	How to use Korean public transportation.
Double final consonant 1	Adverb 1	Guide to using Sarang Guest House.	Hanok Village.
Pronunciation of '지요?'	Phone calls	Memo.	Funny phone numbers of Korea.
Add 'ㄴ'	Adjective, color	Bathhouse with friend.	Noraebangs and jjimjilbangs.
Aspirated consonant	Gathering, promise	To Seohyun of Girls Generation.	Korea's Military.
Palatalization	Fashion	Searching for foreigners for extras.	Fandom culture.
Nasalization	Birthday, Festival/Holiday, Traditional play	Holiday notices.	Seoul City tour.
Consonant Assimilation 4	Health	My body itches.	When sick in Korea.
Lateralization	Shopping, food	Looking around the market.	Street food.
'ㅕ' Pronounciation	Emotion	Food matches.	Korean Drinking Culture.
Double final consonant 2	Religion	Grandfather's hobby.	Temple Stay.
'고요' and '구요' Pronounciation	Adverb 2	Gift-giving culture in different countries.	Korea's affection.
Intonation of Korean	Communication	Writing on Twitter.	K-pop.

자크 베렝 Jacques Vérain

French, University student, 23 years old, majors in Philosophy. He loves Girls' Generation and is interested in Korean culture.

김유미 Kim Yumi

Korean, University student, 22 years old, majors in Mass Communication, likes online chatting.

알렉산더 Alexander

German, Photographer, 35 years old, often comes to Korea to take pictures.

이진수 Lee Jinsu

Korean, University student, 26 years old, president of Girl's Generation fan club.

저는 한옥 게스트하우스에 가려고 해요

I plan to go to Hanok (Korean traditional house) Guest House.

After learning chapter 1

> You will be able to use phrases which show purpose appropriately.
> You will be able to speak of duty or need on something.

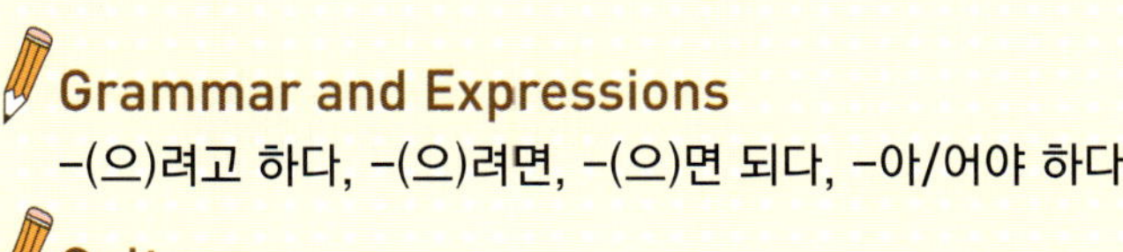

Grammar and Expressions
-(으)려고 하다, -(으)려면, -(으)면 되다, -아/어야 하다

Culture
한국의 대중교통수단 이용 방법 How to use Korean Public transportation

Dialogue  01

Jacques has arrived in Korea. Let's listen to who he speaks to.

공항에서–직원과

직원   무엇을 도와드릴까요?

자크   저는 '한옥 게스트하우스'에 가려고 해요. 어떻게 가야 해요?

직원   '한옥 게스트하우스'요? 거기에 가려면 지하철이나 공항버스를 타면 됩니다.

자크   공항버스는 막히지 않을까요? 저는 조금 빨리 가야 해요.

직원   그러면 지하철을 타세요. 먼저 공항철도로 서울역까지 간 다음에 거기에서 다시 갈아타야 해요.

자크   고맙습니다. 그리고 환전을 하려면 어디로 가면 돼요?

직원   왼쪽으로 100m쯤 가면 환전소가 있습니다. 거기에서 환전할 수 있습니다.

자크   고맙습니다.

In the airport – with clerk

Clerk   May I help you?

Jacques   I plan to go to 'Hanok Guest House'. How do I go there?

Clerk   'Hangok Guest House'? To go there, you need to take the subway or the airport bus.

Jacques   I'd like to get there quite quickly. Wouldn't the airport bus get caught in traffic?

Clerk   Then take the subway. You must first go to Seoul Station on the airport railway and then transfer there.

Jacques   Thank you. Also, where do I go to exchange money?

Clerk   If you go about 100m, there is an exchange counter on the left. You can exchange money there.

Jacques   Thank you.

- [ ] **직원**   clerk **Ex.** 그 가게의 직원이 친절해서 다시 가고 싶어요.
- [ ] **돕다**   help '도와드리다' → '돕다' + '-아/어 드리다' (refer to chapter 2 p. 49)

  ※ '무엇을 도와 드릴까요?' = 'May I help you?' **Ex.** 제가 좀 도와 드릴까요?
- [ ] **한옥**   Hanok (Korean traditional house) **Ex.** 저희 집은 한옥이에요.
- [ ] **게스트하우스**   guest house **Ex.** 게스트하우스에서 묵을 거예요.
- [ ] **공항버스**   airport bus **Ex.** 공항버스 요금은 얼마예요?
- [ ] **빨리**   quickly **Ex.** 빨리 가지 않으면 늦겠어요.
- [ ] **막히다**   Get caught in a traffic jam **Ex.** 출퇴근 시간에는 항상 길이 막히니까 버스를 타지 마세요.
- [ ] **그러면**   then **Ex.** 100m쯤 가세요. 그러면 우체국이 있습니다.
- [ ] **먼저**   first **Ex.** 먼저 들어가세요.
- [ ] **공항철도**   airport railway **Ex.** 공항철도를 어디에서 타요?
- [ ] **역**   station **Ex.** 지하철역이 어디에 있어요?
- [ ] **갈아타다**   transfer **Ex.** 시청역에서 지하철 2호선으로 갈아타세요.
- [ ] **왼쪽**   left **Ex.** 우리 회사 왼쪽 옆에 큰 서점이 있어요.
- [ ] **환전**   exchange money **Ex.** 여행 전에 환전을 하세요.
- [ ] **환전소**   exchange counter **Ex.** 공항에 환전소가 있으니까 거기에서 환전을 하면 됩니다.

Pronunciation  02

자음동화 3 Consonant Assimilation 3

In the chapter 12 of the book 1, we learned that when a word which starts with 'ㄴ, ㅁ' comes after a final consonant 'ㄱ, ㄷ, ㅂ', the final consonant 'ㄱ' is pronounced [ㅇ], 'ㄷ' [ㄴ], and 'ㅂ' as [ㅁ]. In this chapter, let's practice the final consonant 'ㅂ'. For example, '돕는' is pronounced following [돕는], and '앞마당' as '암마당'.

How should this be pronounced? Please read the below.

❶ 지하철이나 공항버스를 타면 <u>됩니다</u>.

① 됩니다 → [**됩니다**]

❷ <u>앞머리</u>를 자르고 싶어요.

② 앞머리 → [**암머리**]

Grammar

1 –(으)려고 하다 be going to-

Used with a verb to express the subject's plan or purpose. If the stem of the verb ends in a consonant except '르', use '–으려고 하다', if it ends in a vowel or 'ㄹ', use '–려고 하다'.

Infinitive form	–려고 하다	Infinitive form	–으려고 하다
가다	가다 + 려고 하다 → 가려고 하다	먹다	먹다 + 으려고 하다 → 먹으려고 하다
보다	보다 + 려고 하다 → 보려고 하다	읽다	읽다 + 으려고 하다 → 읽으려고 하다
운전하다	운전하다 + 려고 하다 → 운전하려고 하다	*듣다	듣다 + 으려고 하다 → 들으려고 하다
*만들다	만들다 + 려고 하다 → 만들려고 하다	*돕다	돕다 + 으려고 하다 → 도우려고 하다

Ex. 저는 게스트하우스에 **가려고 해요**. I am going to go to the guest house.

새해에는 담배를 **끊으려고 해요**. I am going to quit smoking in the New Year.

잠이 안 와서 우유를 **마시려고 해요**. I am going to drink milk, as I can't sleep.

방학 동안에는 꼭 살을 **빼려고 해요**. I am going to lose weight during the vaction.

2 –(으)려면 to V

Used with a verb to show a condition in achieving a plan or purpose. If the stem of the verb ends in a consonant except 'ㄹ', use '–으려면', if it ends in a vowel or 'ㄹ', use '–려면'. After '–(으)려면' often '–이/가 필요하다', '–아/어야 하다', and '–(으)면 되다' are combined.

Infinitive form	–려면	Infinitive form	–으려면
가다	가다 + 려면 → 가려면	먹다	먹다 + 으려면 → 먹으려면
만나다	만나다 + 려면 → 만나려면	읽다	읽다 + 으려면 → 읽으려면
알다	알다 + 려면 → 알려면	*듣다	듣다 + 으려면 → 들으려면
결혼하다	결혼하다 + 려면 → 결혼하려면	*낫다	낫다 + 으려면 → 나으려면
*살다	살다 + 려면 → 살려면	*돕다	돕다 + 으려면 → 도우려면

Ex. 거기에 **가려면** 지하철이나 공항버스를 타면 됩니다.

To get there, you can take the subway or airport bus.

이 치마를 **입으려면** 살을 좀 빼야 합니다. To wear this skirt, you need to lose some weight.

그 사람을 **알려면** 그 사람의 친구를 보면 됩니다. To know a person, you can look at his friends.

이 책을 **읽으려면** 한국 역사를 알아야 합니다. To read this book, you should know Korean history.

1. It is often used in the form of '-(으)려면 + -(으)면 되다, -아/어야 하다(되다), -(으)세요, -는 게 좋다', etc.

2. The negative form of '-(으)려면' is '-지 않으려면'.

3. '-(으)려면' and '-(으)면'

   Ex. 한국어를 잘 하려면 열심히 공부해야 합니다.   (To speak Korean well, you must study hard.)

   → To speak Korean well, there is a condition of studying Korean hard. Thus, to achieve the first phrase, the condition of the second phrase must be acheived.

   Ex. 열심히 공부하면 한국어를 잘 합니다. (If you study hard, you will speak Korean well.)

   → If the condition in a phrase combined with '-(으)면' is achieved, the following would be completed.

3 –(으)면 되다 be all right if-

Easy | Normal | **Hard**

A condition which expresses that if an act or criteria is satisfied, the action can be achieved. If the stem of a verb ends in a consonant except 'ㄹ', use '-으면 되다', if it ends in a vowel or 'ㄹ', use '-면 되다'.

Ex. 환전을 하려면 어디로 **가면 돼요**? where can I go to exchange money?

롯데월드에 가려면 잠실역에서 **내리면 돼요**.

To go to Lotte World, you can get off at Jamsil Station.

한국어를 잘 하고 싶으면 한국 친구들을 많이 **사귀면 됩니다**.

If you want to speak Korean well, you can make many Korean friends.

이 서류는 내일 아침까지 **내면 됩니다**. This paper can be submitted until tomorrow.

Beware of the spelling!
The formal ending word of '되다' is '됩니다', and the informal is '돼요' which is shortened from '되어요'.

Ex. 9시까지 가면 됩니다. = 9시까지 가면 돼요.   It is necessary to be there by 9.

Grammar

4 –아/어야 하다   have to

A situation or something which is required; thus, used to express need. In a verb or adjective, take out '요'. In the informal present ending word '–아/어요' take out '요' and add '–야 하다'. (reper to book 1, chapter 5 for '–아/어요' from)

Infinitive form	–아/어야 하다
가다	가요 + 야 하다 → 가야 하다
보다	봐요 + 야 하다 → 봐야 하다
먹다	먹어요 + 야 하다 → 먹어야 하다
공부하다	공부해요 + 야 하다 → 공부해야 하다
만들다	만들어요 + 야 하다 → 만들어야 하다
배우다	배워요 + 야 하다 → 배워야 하다
*듣다	들어요 + 야 하다 → 들어야 하다
*쓰다	써요 + 야 하다 → 써야 하다
*자르다	잘라요 + 야 하다 → 잘라야 하다

Ex. 거기에서 다시 **갈아타야 해요**.   You have to transfer there.

빨리 나으려면 약을 잘 **먹어야 해요**.   You have to take the pills well to get better quickly.

이 일을 퇴근하기 전에 **끝내야 해요**.   You have to finish this work before going home.

가수는 노래를 잘**해야 해요**.   A singer has to sing well.

Note

'아/어야 하다' = '아/어야 되다'

Ex. 거기에서 다시 갈아타야 해요. = 거기에서 다시 갈아타야 돼요.
You have to transfer there again.

공부해야 해요. = 공부해야 돼요.
You have to study.

초대장

초대합니다

밸런타인데이 파티를 하려고 합니다. 모두 환영합니다.

- 내용 : 밸런타인데이 파티
- 일시 : 2. 14. 저녁 7시
- 장소 : 우리 집(신촌 지하철역 근처)

- 길 안내

지하철역에서 우리 집에 오려면 지하철 3번 출구로 나와야 합니다.

출구에서 똑바로 500m쯤 오면 사거리가 있습니다. 그 사거리에서 오른쪽으로 오세요. 100m쯤 걸으면 횡단보도가 나옵니다. 그 횡단보도를 건너서 조금만 더 가면 약국이 있습니다. 약국 옆 골목으로 들어오세요. 50m쯤 가면 세탁소 옆에 5층짜리 건물이 있습니다. 그 건물의 2층, 203호가 우리 집입니다. 지하철역에서 10분쯤 걸으면 됩니다.

★ 잘 모르겠으면 저에게 전화하세요. 꼭 초콜릿을 준비하세요!

하나(010-123-4567)

New Words

초대장 invitation	출구 exit	들어오다 come in
초대하다 invite	똑바로 properly	세탁소 cleaners
밸런타인데이 Valentine's Day	사거리 intersection	짜리 high
환영하다 welcome	횡단보도 crosswalk	건물 building
일시 time	건너다 cross over	찾다 find
장소 place	약국 pharmacy	초콜릿 chocolate
근처 near	골목 alley	준비하다 prepare

다음 질문에 답하십시오.

1 파티는 언제 합니까?

2 파티는 어디에서 합니까?

3 하나 씨 집에 가려면 지하철 몇 번 출구로 나가야 합니까?

4 하나 씨 집 옆에는 무엇이 있습니까?

5 지하철역에서 하나 씨 집까지 시간이 얼마나 걸립니까?

Additional Vocabulary

공항 Airport

여권 passport	비자 visa	비행기표 plane ticket
입국하다 entrance	출국하다 departure	출입국신고서 immigration form
면세점 duty free	(짐을) 부치다 send (luggage)	입국심사 immigration

은행 Bank

창구 counter	ATM (현금지급기) ATM	(돈을) 찾다 find (money)
(돈을) 환전하다 exchange (money)		환율 exchange rate
송금하다 remit	수수료 charge	통장 bankbook
비밀번호 password	신용카드 credit card	현금카드 debit card
체크카드 check card	사인(을) 하다 authorize	번호표 number ticket
(비밀번호를) 누르다 enter (password)		입금하다 to deposit
출금하다 to withdraw	달러 dollor	원 Won
유로 Euro	위안 Yuan	

공항 Airport

● Vocabulary and Expressions

1. 다음 그림을 보고 보기 에서 알맞은 말을 골라 문장을 완성하십시오.

> 보기 환전하다   사인하다   찾다   누르다   부치다

보기

지금 현금이 하나도 없습니다.
돈을 <u>찾으려고</u> 합니다.

친구 집 문 앞에 도착했습니다.
벨을 _______________ 합니다.

한국 돈이 없고 유로(EURO)만 있습니다.
은행에서 _______________ 합니다.

동생 선물을 샀습니다.
우체국에서 소포를 _______________ 합니다.

2. 무엇이 맞습니까? 알맞은 것을 고르십시오.

1 (환전하면/환전하려면) 은행에 가야 합니다.

2 그 일을 (하면/하려면) 자격증이 꼭 필요해요.

3 다음 역에서 지하철로 (갈아타면/갈아타려면) 됩니다.

4 학생 할인은 학생증만 (있으면/있으려면) 됩니다.

3. '−아/어야 하다'를 사용하여 대화를 완성하십시오.

1 A : 수영복이 없어서 그냥 반바지를 가져왔어요.
   B : 안 돼요. 수영장에서는 수영복을 꼭 ____________. (입다)

2 A : 유미 씨, 내일 꼭 9시까지 ____________. (오다)
   B : 네, 알겠어요. 내일 봐요.

3 A : 민수 씨, 퇴근 안 해요?
   B : 먼저 가세요. 저는 오늘 이걸 다 ____________. (끝내다)

4 A : 오늘 제 한국어 숙제 좀 도와줄 수 있어요?
   B : 미안해요. 오늘은 아르바이트를 ____________. (하다)

5 A : 신청서 한 장 주세요. 여기에 사인하면 돼요?
   B : 네, 맞아요. 그리고 주소는 현재 사는 곳으로 ____________. (쓰다)

● Listening

4. 다음을 듣고 한국 백화점의 위치가 그려진 그림을 찾으십시오. 03

[현재위치]

① 

② 

③ 

④ 

5. 다음을 듣고 대화의 내용과 <u>다른</u> 것을 고르십시오. 04

① 방송국에 늦게 가면 기다려야 합니다.

② 방송국에 가려면 예약을 해야 합니다.

③ 남자는 이번 주말에 방송국에 갈 겁니다.

④ 여자는 지난 주말에 방송국에 다녀왔습니다.

6. 다음을 읽고 중심 생각을 고르십시오.

> 그 나라를 알려면 먼저 그 나라의 언어를 배워야 합니다. 그리고 문화를 경험해야 합니다. 언어와 문화를 모르면 그 나라를 잘 알지 못합니다.

① 그 나라의 언어를 배우고 싶습니다.

② 그 나라의 문화를 경험하려고 합니다.

③ 그 나라에서 살려면 그 나라를 알아야 합니다.

④ 그 나라를 알려면 언어와 문화를 알아야 합니다.

7. 다음을 읽고 물음에 답하십시오.

> ## 직원 모집
>
> - 모집기간 : 5.1~5.10
> - 조건 : 중국어와 일본어를 잘 해야 합니다. 1년에 3~4달을 중국에서 살아야 합니다.
>   운전 면허증이 꼭 있어야 합니다.
> - 제출 서류 : 이력서, 자기 소개서 (꼭 이메일로 보내세요.)
> - 담당자 : 이세준 (사무실 : 02-123-4567, 핸드폰 : 010-111-7777)
>
> 세계여행사

1 이 글의 종류는 무엇인지 고르십시오.

① 광고　　　　② 소개　　　　③ 편지　　　　④ 초대

2 이 글의 내용과 <u>다른</u> 것을 고르십시오.

① 서류는 5월 10일까지 내면 됩니다.

② 서류를 내려면 사무실로 가야 합니다.

③ 이 여행사에 들어가면 중국에 가야 합니다.

④ 이 여행사에서 일하려면 운전을 해야 합니다.

8. 다음을 읽고 물음에 답하십시오.

> A : 윤지 씨, 왜 매일 저녁 일찍 집에 들어가요?
> B : 저는 항상 밤 10시 전에 집에 들어가야 해요.
> A : 10시까지요? 그럼 우리 데이트는 언제 해요?
> B : 미안해요. 하지만 결혼하기 전에는 ㉠그렇게 해야 해요.
> A : 윤지 씨가 어린이예요?
> B : 부모님과 같이 사는 동안에는 부모님 말씀을 들어야 해요. 우리 아빠 진짜 무서워요.

1 대화의 내용과 <u>다른</u> 것을 고르십시오.

① 여자는 아버지가 무섭습니다.

② 남자는 여자의 남자 친구입니다.

③ 남자는 여자의 집 규칙을 좋아합니다.

④ 여자는 결혼하기 전까지 규칙을 지켜야 합니다.

2 ㉠의 의미는 무엇인지 고르십시오.

① 결혼한 후에 데이트를 해야 합니다.

② 밤 10시 전에 집에 꼭 들어가야 합니다.

③ 결혼하기 전에 부모님과 살아야 합니다.

④ 매일 저녁에는 남자친구를 만나야 합니다.

● **Writing**

9. 두 문장을 바르게 연결하여 한 문장으로 쓰십시오.

1 여권을 다시 만들다 / 대사관에 가야 하다

⇨ ____ .

2 그 사람을 만나다 / 도서관에 가면 되다

⇨ ____ .

10. 다음을 읽고 빈칸에 알맞은 말을 쓰십시오.

> 저는 비행기 조종사가 되고 싶습니다. 조종사가 되려면 몸이 건강해야 합니다. 특히 눈이 (   ) 합니다. 눈이 나쁘면 비행기를 조종하지 못 합니다. 블루베리(blueberry)는 눈에 좋습니다. 그래서 저는 블루베리를 열심히 먹고 있습니다. 저는 꼭 조종사가 될 겁니다.

11. 여러분은 여행을 좋아합니까? 다른 나라를 여행하려면 무엇을 준비해야 합니까? 여러분의 여행 계획을 쓰십시오.

Self-Assessment

Chapter 1 is finished. Did you understand everything? Check the questions below.

Question	Self-Assessment				
	No ----------- Yes				
1. Can you use '–(으)려고 하다' to express your will or plan?	1	2	3	4	5
2. Can you use '–(으)려면', '–아/어야 하다', '–(으)면 되다' accurately?	1	2	3	4	5
3. Can you use the phrases learned to express duty or need?	1	2	3	4	5
4. Can you give directions using the phrases you learned?	1	2	3	4	5

Culture

There are many public transportation methods in Korea.

Subways, buses, taxis, trains, and other methods exist, and since Seoul is complicated and has many cars, it is convenient to use the subway. In Seoul, there are up to 9 lines in the subway and several lines that connect to cities nearby Seoul. Also, airport lines to Kimpo Airport and Incheon Airport have opened recently and now it only takes 53 minutes from Seoul Station to Incheon Airport.

To use the Seoul subway or bus, you need a transportation card. For a one-way card, you must pay the fare and an additional 500 won as a deposit. You will receive the deposit back when you get to the arrival station. You can buy a foreigner's transportation card as a transportation card and reuse it by recharging it. The 'Seoul City Pass' is a card which you can use on the city's subways and buses for up to 20 times during one day with no limit of method of transportation or distance. You can also get unlimited use of the city rotation course of the Seoul City Tour Bus. "Seoul City Pass Plus' is a card which allows you to use public transportation and buy products in T-money affiliated stores freely, and you can receive discounts at a variety of cultural and tourist facilities. You can recharge freely and can get a refund for unused money.

For buses, there are express city buses and ordinary buses, and while the express city buses are a bit more expensive than the ordinary buses, it is easier to travel seated because there are more seats. To use the bus, you can pay by cash or transportation card. For taxis, there are ordinary taxis, deluxe taxis, and call taxis. Call taxis are taxis that come when a passenger calls by phone, and deluxe taxis are taxis that are a bit more expensive than ordinary taxis. However, as drivers have to meet certain conditions (such as no accidents and long experience), the pros are that you can take these cabs more comfortably and safely.

When you travel between cities, you can use the train or the express bus. There are the KTX, Saemaeul, and Mugungwha types of trains. While the KTX is the fastest, it is the most expensive, and while the Mugungwha is the slowest, it is the cheapest. Of the express buses, there are the ordinary buses and deluxe buses. While the deluxe buses are more expensive than the ordinary buses, there are fewer but more spacious seats so that passengers can travel more comfortably.

Site introduction

Using the subway (http://www.seoulmetro.co.kr)

Using the train (http://www.korail.com)

Using the express bus (http://www.kobus.co.kr, http://www.easyticket.co.kr)

Using transportation card (http://www.seoulcitypass.com)

방에서 담배를 피우지 마세요

Don't smoke cigarettes in the room.

After learning chapter 2

> You will be able to express a certain work's ability and possibility.
> You will be able to express permission or forbid to the other person.

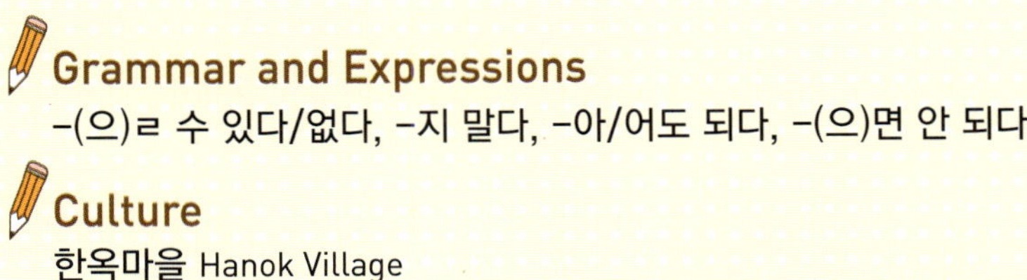

Grammar and Expressions
–(으)ㄹ 수 있다/없다, –지 말다, –아/어도 되다, –(으)면 안 되다

Culture
한옥마을 Hanok Village

Dialogue

Jacques is talking to the owner of the guest house. What are the rules to follow here?

게스트하우스에서–주인과

자크　　안녕하세요? 자크입니다. 처음 뵙겠습니다.

주인　　반가워요. 자크 씨, 한국어로 이야기해도 돼요?

자크　　네, 괜찮아요. 하지만 빨리 말하면 이해할 수 없어요.

주인　　자크 씨의 방은 305호입니다. 방에 안내문이 있습니다.

자크　　고맙습니다. 혹시, 아침 식사를 할 수 있습니까?

주인　　1층 식당에서 밥이나 빵을 먹을 수 있습니다. 식사 시간이 9시까지니까 늦으면 안 됩니다.

자크　　알겠습니다. 다른 주의사항이 있습니까?

주인　　방에서 담배를 피우지 마세요. 3층 흡연실이나 밖에서는 피워도 돼요.

At the guest house – with the owner

Jacques　Hi. I am Jacques. Nice to meet you.

Owner　Nice to meet you. Jacques, may I speak in Korean?

Jacques　Yes, it's okay. But I cannot understand if you speak fast.

Owner　Your room is number 305. There is guidance inside the room.

Jacques　Thank you. By any chance, am I able to eat breakfast?

Owner　You can have rice or bread on the first floor restaurant. The meal time is till 9, so don't be late.

Jacques　I see. Are there any other rules?

Owner　Don't smoke cigarettes in the room. You can smoke in the smoking room on the 3rd floor or outside.

- ☐ **주인**　owner　**Ex.** 이 식당 주인 좀 불러 주세요.
- ☐ **하지만**　but　**Ex.** 저는 노래를 좋아해요. 하지만 잘 못해요.
- ☐ **이해하다**　understand　**Ex.** 저는 그 친구를 이해할 수 없어요.
- ☐ **호**　number　**Ex.** 우리 집은 A동 501호예요.
- ☐ **안내문**　guidance　**Ex.** 안내문을 꼭 읽으세요.
- ☐ **층**　floor　**Ex.** 이 엘리베이터는 홀수 층만 운행해요.
- ☐ **식당**　restaurant　**Ex.** 이 근처에 어떤 식당이 유명해요?
- ☐ **밥**　rice　**Ex.** 저는 아침에 밥을 안 먹어요.
- ☐ **빵**　bread　**Ex.** 어제 친구와 같이 빵을 만들었어요.
- ☐ **늦다**　late　**Ex.** 길이 막혀서 조금 늦었어요.
- ☐ **다르다**　different / '다른' + noun (refer to chapter 6 grammar)　**Ex.** 다른 방은 없어요?
- ☐ **주의사항**　rule　**Ex.** 우리 기숙사의 주의사항을 꼭 지키세요.
- ☐ **담배**　cigarette　**Ex.** 민수 씨는 몇 살부터 담배를 피웠어요?
- ☐ **피우다**　smoke　**Ex.** 저는 담배를 피운 후에 꼭 손을 씻어요.
- ☐ **흡연실**　smoking room　**Ex.** 공항에 흡연실이 있어요?

Pronunciation

겹받침 1 Double final consonant 1

If the final consonant is double (ㄳ, ㄵ, ㄶ, ㄺ, ㄻ, ㄼ, ㄽ, ㄾ, ㄿ, ㅀ, ㅄ) and the next syllable starts with a vowel, the second final consonant is pronounced in the next syllable. For example, '밟아요' is pronounced [발바요], and '앉아요' as [안자요].

How should this be pronounced? Please read the below.

❶ 빨리 말하면 이해할 수 <u>없어요</u>.　　① 없어요 → [업서요 → **업써요**]

❷ 도서관에서 책을 <u>읽어요</u>.　　② 읽어요 → [**일거요**]

1 –(으)ㄹ 수 있다/없다 be able to - / not be able to -

Easy **Normal** Hard

Comes after a verb to express possibility, ability, or permission. If the stem of the verb ends in a consonant except 'ㄹ', use '–을 수 있다/없다', it ends in a vowel or 'ㄹ' or is after '이다/아니다' use '–ㄹ 수 있다/없다'.

Infinitive form	–ㄹ 수 있다/없다	Infinitive form	–을 수 있다/없다
가다	가다 + ㄹ 수 있다/없다 → 갈 수 있다/없다	먹다	먹다 + 을 수 있다/없다 → 먹을 수 있다/없다
보다	보다 + ㄹ 수 있다/없다 → 볼 수 있다/없다	읽다	읽다 + 을 수 있다/없다 → 읽을 수 있다/없다
수영하다	수영하다 + ㄹ 수 있다/없다 → 수영할 수 있다/없다	*듣다	듣다 + 을 수 있다/없다 → 들을 수 있다/없다
*살다	살다 + ㄹ 수 있다/없다 → 살 수 있다/없다	*짓다	짓다 + 을 수 있다/없다 → 지을 수 있다/없다
*놀다	놀다 + ㄹ 수 있다/없다 → 놀 수 있다/없다	*돕다	돕다 + 을 수 있다/없다 → 도울 수 있다/없다

Ex. 아침 식사를 **할 수 있습니까**? Am I able to eat breakfast?

빨리 말하면 **이해할 수 없어요**. I am not able to understand if you speak fast.

거실에서 텔레비전을 **볼 수 있어요**? – 네, **볼 수 있습니다**. (허락/가능)

Am I able to watch television in the living room? – Yes, you are able to. (permission/ possibility)

자크 씨는 **운전할 수 있어요**? – 네, **운전할 수 있어요**. (능력)

Jacques, are you able to drive? – Yes, I am able. (Ability)

verb + '–(으)ㄹ 수 없다' can be exchanged with '못 + verb'.

Ex. 어린이는 이 영화를 <u>볼 수 없어요</u>. = 어린이는 이 영화를 <u>못 봐요</u>.
Children are not able to watch this movie. = Children cannot watch this movie.

기숙사에서 요리를 <u>할 수 없어요</u>. = 기숙사에서 요리를 <u>못 해요</u>.
You are not able to cook in this dorm. = You cannot cook in this dorm.

② **-지 말다** Don't

Shows forbiddance or disagreement to a certain act or action. '-지 말다' can be only used in imperative sentence or suggestive sentence. '-지 말다+(으)세요' can be used as '-지 마세요'.

Ex. 방에서 담배를 **피우지 마세요**. Don't smoke in the room.

그림을 **만지지 마세요**. Don't touch the picture.

지금 **나가지 마세요**. Don't go out now.

오늘은 **운동을 하지 마세요**. Don't exercise today.

③ **-아/어도 되다** may

Shows permission or asks permission regarding a certain action. In the informal present ending word '-아/어요' omit '요' and add '-도 되다'. '-아도/어도 되다' can be changed as '-아/어도 괜찮다, 좋다, 상관없다'.

Infinitive form	-아/어도 되다
가다	가요 + 도 되다 → 가도 되다
보다	봐요 + 도 되다 → 봐도 되다
읽다	읽어요 + 도 되다 → 읽어도 되다
요리하다	요리해요 + 도 되다 → 요리해도 되다
살다	살아요 + 도 되다 → 살아도 하다
*듣다	들어요 + 도 되다 → 들어도 하다
*쓰다	써요 + 도 되다 → 써도 되다
*돕다	도와요 + 도 되다 → 도와도 되다

Ex. 한국어로 **이야기해도 돼요**? Can I speak in Korean?

라면을 **먹어도 좋아요**. It is ok to eat noodles.

내일은 늦게까지 **자도 상관없어요**. It's ok to sleep in tomorrow.

들어가도 돼요? – 네, **들어와도 괜찮아요**. Can I come in? – Yes, it's ok for you to come in.

The negative answer '-아/어도 되다' to questions is '-(으)면 안 되다'.

Ex. 여기에서 사진을 찍어도 돼요? – 여기에서는 사진을 찍으면 안 됩니다.
May I take a picture here? – You may not take pictures here.

수영을 해도 돼요? – 물이 깊어서 수영을 하면 안 돼요.
May I swim here? – You may not swim here.

4 –(으)면 안 되다 not allowed to V

Used combined with verb to express forbiddance. If the stem of verb ends in consonant except '근', use '–으면 안 되다', if end in vowel or '근' use '–면 안 되다'.

Ex. **늦으면 안 됩니다.** You cannot be late.

전화를 **안 하면 안 돼요.** You cannot not call.

자꾸 약속을 **미루면 안 됩니다.** You cannot keep pushing back the appointment.

매일 게임만 **하면 안 돼요.** You cannot do game every day.

Note

You must keep in mind that the opposite expression of '–(으)면 안 되다' is not '–(으)면 되다' but is '–아/어도 되다'.

Ex. 여기 앉으면 안 돼요. ↔ 여기 앉아도 돼요.
You may not sit here. ↔ you may sit here.

이것은 먹으면 안 돼요. ↔ 이것은 먹어도 돼요.
You may not eat this. ↔ you may eat this.

❖ 숙박비 : 1인 1박 20,000원

❖ 체크인 : PM 3:00 -

❖ 체크아웃 : AM 8:00 - 10:30

❖ 아침식사 : AM 8:00 - 10:00

❖ 객실 청소시간 : AM 11:00 - PM 15:00

❖ 밤 12시 이후에는 불을 꺼야 합니다.

❖ 휴게실의 음식은 무료로 먹을 수 있습니다.

❖ 간단한 요리는 외부에서 재료를 가져오면 만들어도 됩니다.

❖ 사용한 식기는 다음 사람이 사용해야 하니까 깨끗하게 씻어 주십시오.

❖ 방에서 담배를 피우면 안 됩니다. 흡연실을 이용하세요.

❖ 늦게까지 술을 마셔도 되지만 방에서는 마시지 마세요. 휴게실에서는 마셔도 됩니다.

❖ 인터넷 홈페이지에서만 예약 가능합니다. 전화 예약은 받지 않습니다.

New Words

이용 use	**불** light	**깨끗하게** cleanly
안내 guide	**끄다** turn off	**씻다** wash
숙박비 rate	**휴게실** lounge	**인터넷** internet
1인 single	**무료** free	**예약** reserve
1박 one night	**간단하다** simple	**홈페이지** homepage
체크인 check in	**외부** outside	**기타** other
체크아웃 check out	**재료** ingredients	**문의사항** query
객실 room	**사용하다** use	
청소시간 cleaning time	**식기** dishes	

다음 질문에 답하십시오.

1 게스트하우스의 숙박비는 얼마입니까?

2 아침은 몇 시까지 먹을 수 있습니까?

3 예약하려면 어떻게 해야 합니까?

4 몇 시에 불을 꺼야 합니까?

5 게스트하우스에서 무엇을 해도 됩니까? 무엇을 하면 안 됩니까?

-아/어도 되다	-(으)면 안 되다

Additional Vocabulary

부사 1   Adverb 1

많이 many	매우 extremely	아주 very
너무 too	조금 little	정말 really
더 more	또 also	잘 well
푹 deeply	항상 always	자주 frequently
보통 normal	가끔 sometimes	거의 almost
전혀 never	미리 prior	바로 right away
그냥 just	일찍 early	빨리 quickly
천천히 slowly	열심히 diligently	물론 of course
갑자기 suddenly	굉장히 greatly	

● Vocabulary and Expressions

1. 다음 그림을 보고 알맞은 말을 쓰십시오.

1 _______________________________________.

2 _______________________________________.

3 _______________________________________.

2. 다음 그림을 보고 대화를 완성하십시오.

1 A : 한자를 읽을 수 있어요?

B : 아니요, _______________________________.

이 글자는 어떻게 읽어요?

2 A : 태권도를 할 수 있어요?

B : 네, _______________________________.

4년 전에 배웠어요.

3 A : 운전을 할 수 있어요?

B : 아니요, _______________________________.

다음 달에 운전면허학원에 갈 거예요.

3. 다음 그림을 보고 대화를 완성하십시오.

A : 지금 ____?

B : 공연이 시작됐어요. 쉬는 시간에 들어가세요.

A : 여기 ____?

B : 그럼요. 앉으세요.

A : 저, 이제 안 아파요. _______________________________?

B : 아니요, 아직 안 돼요. 술을 마시지 마세요.

● Listening

4. 다음 대화를 듣고 알맞은 그림을 고르십시오. 07

① 

② 

③

④ 

5. 다음을 듣고 대화의 내용과 같은 것을 고르십시오. 08

① 남자는 천문대에서 일을 합니다.

② 월요일에는 천문대에 갈 수 없습니다.

③ 여러 명이 같이 가면 별을 볼 수 없습니다.

④ 천문대에서 별을 보려면 돈을 내야 합니다.

6. 다음은 무엇을 의미하는지 고르십시오.

조 용 히

① 여기에서 쉬세요.

② 여기에서 기다리세요.

③ 여기에서 먹지 마세요.

④ 여기에서 떠들지 마세요.

7. 다음을 읽고 글의 내용과 같은 것을 고르십시오.

아파트 도서관 이용 안내

도서관은 매일 오전 아홉 시부터 오후 여섯 시까지 엽니다. 하지만 매주 월요일에는 문을 열지 않습니다. 책을 빌리려면 집 주소로 회원 등록을 해야 합니다. 회원은 한 번에 다섯 권의 책을 무료로 빌릴 수 있습니다. 그리고 일주일 이내에 반납해야 합니다. 도서관을 이용해 주셔서 감사합니다.

① 일요일에 책을 빌릴 수 없습니다.

② 다섯 시에 책을 빌릴 수 없습니다.

③ 책은 7일 이내에 돌려줘야 합니다.

④ 책을 빌리려면 돈이 있어야 합니다.

8. 다음을 읽고 무엇에 대한 글인지 고르십시오.

떠들지 마세요.
통화를 하지 마세요.
앞 사람을 발로 세게 차지 마세요.
곧 시작합니다. 좋은 관람 하세요.

① 영화관 소개

② 영화관 예절

③ 영화관 길 안내

④ 영화관 이용 방법

9. 밑줄 친 부분을 잘못 바꾸어 쓴 것을 고르고 문장을 알맞게 고치십시오.

> **기숙사 안내**
>
> 1. 이 기숙사는 여학생 전용 기숙사입니다.
> 2. 식사하려면 기숙사 안의 식당이나 각 층의 조리실을 이용하면 됩니다. 조리실에는 냉장고와 전자레인지, 간단한 조리기구가 있습니다. 요리를 한 후에는 꼭 설거지를 해야 합니다.
> 3. 1층에는 컴퓨터실이 있습니다. 이 기숙사의 학생들은 모두 무료로 이용할 수 있습니다. 인쇄나 복사는 할 수 없습니다.
> 4. 우리 기숙사는 밤 12시가 지나면 들어올 수 없습니다. 시간을 잘 확인하십시오.

⇩

> 우리 기숙사의 안내입니다. ①이 기숙사는 여학생만 사용할 수 있습니다. ②식사는 기숙사 안의 식당에서 먹으면 됩니다. 고향 음식을 먹고 싶으면 조리실에서 간단하게 요리할 수 있습니다. ③컴퓨터실을 사용하려면 돈을 내야 합니다. ④우리 기숙사는 밤 12시 전에는 들어와야 합니다.

10. 한국에서는 밥을 먹으면서 코를 풀면 안 됩니다. 그리고 어른과 같이 밥을 먹을 때 먼저 밥을 먹지 않습니다. 여러분 나라에서는 무엇을 하면 안 됩니까? 여러분 나라에서 하면 안 되는 것들을 쓰십시오.

Self-Assessment

Chapter 2 is finished. Did you understand everything? Check the questions below.

Question	Self-Assessment No ----------- Yes				
1. Can you use '-(으)ㄹ 수 있다/없다' to express what can be done or give permission?	1	2	3	4	5
2. Can you use '-지 말다' and '-(으)세요' combined to express forbiddance to someone else?	1	2	3	4	5
3. Do you know the opposite relationship between '-아/어도 되다' and '-(으)면 안되다', to express permission and forbiddance?	1	2	3	4	5
4. Can you use variety of adverbs to express yourself?	1	2	3	4	5

Culture

In Korea, there are 3 major Hanok Villages which exist. These are Namsangol Hanok Village and North Hanok Village of Seoul and Jeonju Hanok Village in Jeonju of Jeollabuk-do.

Among them, I plan to introduce North Hanok Village.

This place, named as 'North Village' as it is the northern village of the Cheonggye creek and Jongro, has been Korea's traditional living area with populated traditional hanoks as located among Gyeongbok Palace, Changdeok Palace, and Jongmyo Shrine since the past. In this region, located between the two palaces based on the Chosun Kingdom's view on nature and the world, there are many hanoks with impressive natural scenery. Also, between each hanok, the alleys have been preserved, well displaying the Seoul, the city of 600 years of history. Moreover, it is referred as street museum as it has many historical sites, cultural properties, and cultural data.

Unlike Namsangol Hanok Village, people currently still live in North Village, which led to the preservation of natural living area. Especially, the unique combination of traditional Hanok's antiqueness and modern's efficiency, such as glass windows in the main hall and faded brown wood gate, can be seen as North Village charm.

Foreign and domestic travelers stay in Hanok guest house where you can experience ondol (Korean floor heating system) and other traditional culture instead of expensive hotels. In kitchen, garden, and rooms which have preserved the past, you can feel the traditional quaint beaty and give peace and quiet in the noisy city.

Stay a night in a traditional Korean residential space. You will be able to fully experience Korean's style and grace in life as well as people's affection.

Bukchon Hanok Village (http://bukchon.seoul.go.kr)

우리 언제 만날까요?

When shall we meet?

After learning chapter 3

> You will be able to suggest to another to do something together.
> You will be able to decide or promise to another.

Grammar and Expressions
-(으)ㄹ까요?, -지요?, -(으)ㅂ시다, -(으)ㄹ게요, -(으)ㅁ

Culture
한국의 재미있는 전화번호 Funny phone numbers of Korea

Jacques has called Yumi. When will the two people meet?

전화로-유미와

자크   여보세요. 유미 씨 맞지요? 지금 통화 괜찮아요?

유미   네, 자크 씨. 반가워요. 메일 받고 연락 기다렸어요.

자크   저는 오늘 잘 도착했어요. 지금 게스트하우스에 있어요.

유미   많이 피곤하지요? 숙소는 마음에 들어요?

자크   네, 좋아요. 유미 씨, 우리 언제 만날까요?

유미   저는 주말이 좋아요. 평일에는 아르바이트를 해요.

자크   그럼 다음 주 토요일에 볼까요? 제가 다음 주에 다시 전화할게요.

유미   좋아요. 다음 주에 꼭 만납시다. 전화 기다릴게요.

On the phone – With Yumi

Jacques	Hello? This is Yumi, right? Is it okay for you to speak on the phone now?
Yumi	Yes, Jacques. Nice to talk to you. I was waiting for your contact after I got your e-mail.
Jacques	I arrived safely today. I'm at the guest house right now.
Yumi	You must be tired. Is the accommodation to your liking?
Jacques	Yes, it's good. Yumi, when shall we meet?
Yumi	The weekend is good for me. I work part time on weekdays.
Jacques	Then shall we meet next Saturday? I will call again next week.
Yumi	Great. Let's certainly meet next week. I will wait for your call.

- ☐ **여보세요**   Hello / This is a phone call expression used in same way as 'hello'.
  > **Ex.** 여보세요, 수잔 씨 핸드폰 맞지요?

- ☐ **통화**   phone call **Ex.** 통화 중이라서 아직 연락 못 했어요.

- ☐ **도착하다**   arrive **Ex.** 어제 숙소에 늦게 도착했어요.

- ☐ **피곤하다**   tired **Ex.** 한국과 미국의 시차 때문에 피곤하지 않아요?

- ☐ **들다**   to one's liking / '마음에 들다' means it is good. **Ex.** 이 청바지가 정말 마음에 들어요.

- ☐ **주**   week **Ex.** 이번 주는 시간이 없으니까 다음 주에 볼까요?

Pronunciation  10

'지요'의 발음 Pronunciation of '지요'

'지요' can often be shortened to be pronounced '죠' and also be written as shortened. For example, '가지요' would normally be read as '가죠'.

How should this be pronounced? Please read the below.

❶ 유미 씨 <u>맞지요</u>?   　　　① 맞지요 → [맏찌요/맏쬬]

❷ 수업 후에 집에 <u>가지요</u>?   ② 가지요 → [가지요/가죠]

1 –(으)ㄹ까요? Shall we, Shall I -

Easy | **Normal** | Hard

Used with a verb to suggest doing something together, or to ask one's intention. If the stem of a verb ends in consonant except '`ㄹ`', use '`–ㄹ까요`', if it ends in a vowel or '`ㄹ`' use '`–을까요`'.

Infinitive form	–ㄹ까요?	Infinitive form	–을까요?
가다	가다 + ㄹ까요? → 갈까요?	먹다	먹다 + 을까요? → 먹을까요?
보다	보다 + ㄹ까요? → 볼까요?	읽다	읽다 + 을까요? → 읽을까요?
수영하다	수영하다 + ㄹ까요? → 수영할까요?	*듣다	듣다 + 을까요? → 들을까요?
*놀다	놀다 + ㄹ까요? → 놀까요?	*짓다	짓다 + 을까요? → 지을까요?
*만들다	만들다 + ㄹ까요? → 만들까요?	*돕다	돕다 + 을까요? → 도울까요?

Ex. 우리 언제 **만날까요**? When shall we meet?

그럼 다음 주 토요일에 **볼까요**? Shall we see one another next Saturday?

이 책은 좀 어려우니까 다른 책을 **읽을까요**?

Shall we read another book because this one is a bit difficult?

'싸이'를 좋아하면 우리 같이 '싸이'의 노래를 **들을까요**?

If you like PSY, shall we listen to PSY's song together?

This can be used when the speaker is asking in assumption regarding a third person subject. At this point, an adjective can be used as well. For example, in "여기에 사람이 왜 이렇게 많을까요?", the speaker is asking in curiosity why there are many people in the place. Here, the answer would normally be an assumption such as 'probably a celebrity is coming' or 'I think there is a sale in this mall'.

2 –지요? - right? (function of tag questions)

Used combined with a verb or adjective to let the listener know of a fact already known, or to confirm.
Also, it can be used to ask for agreement. You can add '–지요?' to the stem of a verb or adjective.

Infinitive form	–지요?	–았/었지요?	–(으)ㄹ 거지요?
가다	가다 + 지요? → 가지요?	갔지요?	갈 거지요?
먹다	먹다 + 지요? → 먹지요?	먹었지요?	먹을 거지요?
공부하다	공부하다 + 지요? → 공부하지요?	했지요?	할 거지요?
듣다	듣다 + 지요? → 듣지요?	들었지요?	들을 거지요?
만들다	만들다 + 지요? → 만들지요?	만들었지요?	만들 거지요?
돕다	돕다 + 지요? → 돕지요?	도왔지요?	도울 거지요?
이다	이다 + 지요? → 지요?/ 이지요?	였지요? / 이었지요?	–

Ex. 유미 씨 **맞지요**? You are Yumi, right?

민수 씨는 한국 **사람이지요**? Minsu is Korean?

어제 영화관에 **갔지요**? 수잔 씨를 봤어요. You went to the theater yesterday? I saw you Susan.

계속 여기에서 **살 거지요**? You will continue to live here?

Note

1. If the noun prior to '이다' ends in a vowel, both '지요?' or '이지요?' can be used. However, for noun which ends in a consonant, only '이지요?' can be used.
2. '–지요?' may be abbreviated to '–죠?' in colloquial language.

3 –(으)ㅂ시다 Let's -

<code>Easy</code> Normal <code>Hard</code>

Used combined with a verb to answer positively to another's suggestion or suggest doing something together. If the stem of the verb ends in a consonant except '르', use 'ㅂ시다', if it ends in a vowel or '르' use '-읍시다'. For negative meaning, use '-지 맙시다' form.

'-(으)ㅂ시다' is used when the listener is similar in age or younger than the speaker, and cannot be used to elders. When used to elders, it is a rude expression.

Infinitive form	–ㅂ시다	Infinitive form	–읍시다
가다	가다 + ㅂ시다 → 갑시다	먹다	먹다 + 읍시다 → 먹읍시다
보다	보다 + ㅂ시다 → 봅시다	읽다	읽다 + 읍시다 → 읽읍시다
공부하다	공부하다 + ㅂ시다 → 공부합시다	*듣다	듣다 + 읍시다 → 들읍시다
*놀다	놀다 + ㅂ시다 → 놉시다	*짓다	짓다 + 읍시다 → 지읍시다
*만들다	만들다 + ㅂ시다 → 만듭시다	*돕다	돕다 + 읍시다 → 도웁시다

Ex. 다음주에 꼭 **만납시다**. Let's certainly meet next week.

이번 주말에는 비가 오니까 테니스를 **치지 맙시다**. It will rain this weekend, so let's not play tennis.

시간이 별로 없으니까 빨리 **먹읍시다**. We don't have much time, so let's eat quickly.

버스 정류장까지 같이 **걸읍시다**. Let's walk together to the bus station.

4 –(으)ㄹ게요 I will-

<code>Easy</code> Normal <code>Hard</code>

Combined with a verb to express a speaker's will or decision. Thus, the subject is always first person. If the stem of the verb ends in consonant except '르', use '르게요', if it ends in a vowel or '르' use '-을게요'. The negative form is '-지 않을게요'.

Infinitive form	–ㄹ게요	Infinitive form	–을게요
가다	가다 + ㄹ게요 → 갈게요	먹다	먹다 + 을게요 → 먹을게요
보다	보다 + ㄹ게요 → 볼게요	읽다	읽다 + 을게요 → 읽을게요
공부하다	공부하다 + ㄹ게요 → 공부할게요	*듣다	듣다 + 을게요 → 들을게요
*놀다	놀다 + ㄹ게요 → 놀게요	*짓다	짓다 + 을게요 → 지을게요
*만들다	만들다 + ㄹ게요 → 만들게요	*돕다	돕다 + 을게요 → 도울게요

Ex. 제가 다음 주에 다시 **전화할게요**. I will call next week.

저는 여기에 **있을게요**. I will stay here.

출근 전에 꼭 이메일을 **보낼게요**. 걱정하지 마세요.

I will send the email before going to work. Don't worry.

여보, 오늘은 술을 많이 마시지 **않을게요**.　Honey, I won't drink a lot today.

'-(으)ㄹ게요' cannot be used in questions.

Ex. 밥 먹을게요? (×) → 밥 먹을 거예요? (○)　Will you have a meal?

5 –(으)ㅁ norminalizer

Easy　**Normal**　Hard

Combined with a verb or adjective to make the verb or adjective a noun suffix. Mostly used when writing short phrases such as in memos or advertisements. If the stem of the verb or adjective ends in a vowel use '–ㅁ' and when in a consonant, use '–(으)ㅁ'.

Infinitive form	–ㅁ	Infinitive form	–음
가다	가다 + ㅁ → 감	먹다	먹다 + 음 → 먹음
공부하다	공부하다 + ㅁ → 공부함	있다	있다 + 음 → 있음
보다	보다 + ㅁ → 봄	*듣다	듣다 + 음 → 들음
오다	오다 + ㅁ → 옴	*낫다	낫다 + 음 → 나음
*만들다	만들다 + ㅁ → 만듦	*돕다	돕다 + 음 → 도움

Ex. 친구에게서 전화 **왔음**. 전화하기 **바람**.　Friend called. Wants call back.

오늘 회의 **있음**.　There's a meeting today.

방을 **구함**.　Searching for a room.

사람을 **찾음**.　Finding a person.

If the stem ends with final consonant 'ㄹ' it combines with '–ㅁ' and becomes '–ㄻ'.

Ex. 힘들다 hardship → 힘듦(○) / 힘들음(×)

울다 cry → 욺(○) / 울음(×)

*울음(noun, crying) / **Ex.** 아기가 울음을 그치다. The baby stopped crying.

강재민 대리에게

- 시간 : 오전 11시 20분쯤
- 누구에게서 : A회사 홍보 담당자 이성호
- 내용 : 회사 상품 홍보 문제로 전화함.
  우리 회사 신상품 사진을 메일로 보내기 바람. 다음 주 월요일쯤 만나서 회의 하려고 함. 11시 반부터 회의 중이라서 전화 받을 수 없음. 오늘 오후 2시 이후에 이성호 씨 핸드폰으로 전화 부탁함.

김과장

New Words

메모 memo	**건** item	**바라다** want
대리 assistant manager	**중** in the middle of	**회의** meeting
담당자 person in charge	**신상품** new product	**부탁하다** request
상품 product	**메일** mail	**과장** manager

다음 질문에 답하십시오.

1 누가 누구에게 전화했습니까?

2 누가 전화를 받았습니까?

3 왜 전화를 했습니까?

4 강재민 대리는 무엇을 해야 합니까?

5 이 글은 어떤 종류의 글입니까?

① 광고문　　　② 편지글　　　③ 초대장　　　④ 전화 메모

Additional Vocabulary

전화 관련 단어 Words related to phone call

(전화를) 걸다 dial (a call)   (전화를) 받다 pick up (a call)

(전화를) 끊다 hang up (the phone)   통화 중이다 on a phone call

배터리가 없다 (=배터리가 다 되다) have no batteries (=battery is dead)

충전 중이다 recharging   공중전화 phone booth   국제전화 international call

시외전화 long-distance call   시내전화 local call   문자 메시지를 보내다 send a text

문자 메시지를 확인하다 check text message

전화 표현 Phone call expression

여보세요? Hello?

OO 씨 핸드폰 맞지요? Is this OO's phone?   OO 씨 집이지요? Is this OO's house?

OO 호텔이지요? Is this the OO Hotel?

네, 전데요. Yes, this is he/she.   네, 맞는데요. Yes, correct.

OO 씨 좀 바꿔 주시겠어요? Could I speak to Mr./Ms. OO?

OO 씨 좀 부탁합니다. Mr./Ms.OO, please.

잠깐만 기다리세요. Please wait.   잠깐만요. Hold on a moment.

잠시만요. Wait a minute.

OO 씨, 전화 받으세요. Mr./Ms. OO, please pick up the phone.

네, 전화 바꿨습니다. Yes, speaking.

지금 자리에 안 계시는데요. He/she is not at his/her seat right now.

지금 집에 없는데요. He/she is not home right now.

죄송하지만 메모 좀 전해주시겠어요? I'm sorry, but could you take a memo?

실례지만 메모를 남기시겠습니까? I'm sorry, would you leave a memo?

메모를 전해 드릴까요? Shall I take a memo?

제가 다시 전화하겠습니다.(걸겠습니다.) I will call again.

● Vocabulary and Expressions

1. 대화를 잘 읽고 <u>보기</u>에서 알맞은 단어를 골라 형태에 맞게 쓰십시오.

> <u>보기</u> 걸다   받다   끊다   맞다   바꾸다

1 A : 여보세요? 이수진 씨 핸드폰 ___________________________________?

    B : 네, 그런데요. 실례지만 누구세요?

2 A : 자크 씨, 잠깐만요. 지금 친구하고 식사 중이에요.

    B : 그럼 조금 후에 다시 ___________________________________?

3 A : 와, 벌써 밤 11시예요. 우리가 한 시간을 통화했어요?

    B : 그러네요. 이만 ___________________________. 내일 또 통화해요.

2. 다음 그림을 잘 보고 빈칸에 알맞은 말을 쓰십시오.

1 A : 여보, 오늘 우리 밖에서 ___________________________?

    B : 좋아요. 어디로 ___________________________?

2 A : 민수 씨, 오늘 날씨가 너무 추워요. 그런데 등산할 거예요?

    B : 날씨가 추우니까 등산은 다음에 ___________________________?

3 A : 시험이 끝났으니까 오늘은 우리 공부하지 말고

    ___________________________?

    B : 미안해요. 아르바이트 가야 해서 오늘은 못 놀아요.

    다음에 ___________________________.

3. '-(으)ㄹ게요'를 사용하여 다음 대화를 완성하십시오.

> **보기** A : 이 병은 담배를 끊어야 나을 수 있어요.
>
> B : 네, 선생님, 제가 이번에는 꼭 담배를 <u>끊을게요</u>. (끊다)

1 A : 7시 영화로 예매했어요. 괜찮아요?

B : 네, 좋아요. 그럼 팝콘과 콜라는 제가 ________________. (사다)

2 A : 이 식당은 이 음식이 유명해요.

B : 그럼 저도 그걸 ________________. (먹다)

3 A : 토마토 세일을 해서 많이 샀어요.

B : 그래요? 그럼 제가 주스를 ________________. (만들다)

● **Listening**

4. 다음을 듣고 대화의 내용과 다른 것을 고르십시오. 11

　① 두 사람은 이번 주말에 만납니다.

　② 두 사람은 서점 안 커피숍에 갈 겁니다.

　③ 광화문의 그 서점 앞은 항상 복잡합니다.

　④ 두 사람은 광화문의 서점 앞에서 만날 겁니다.

5. 다음을 듣고 빈칸에 알맞은 말을 쓰십시오. 12

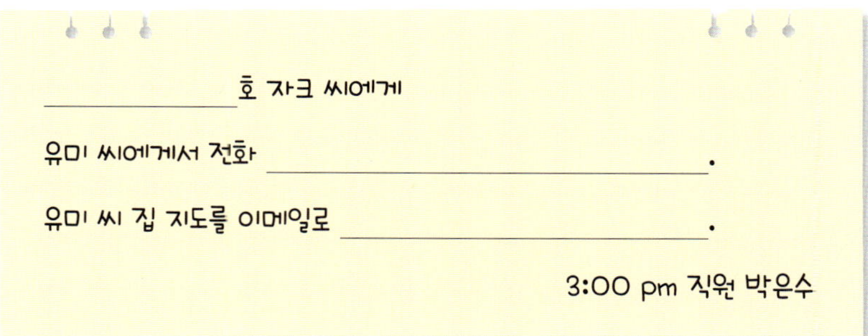

6. 다음은 무엇을 의미하는지 고르십시오.

> 전화 바람

① 전화를 해 주십시오.　　　　② 전화를 끊지 마십시오.

③ 전화를 걸고 싶습니다.　　　　④ 전화를 다시 걸겠습니다.

7. 다음 수첩의 메모를 읽고 내용과 <u>다른</u> 것을 고르십시오.

일 1/29	월 1/30	화 1/31	수 2/1	목 2/2	금 2/3	토 2/4
친구 생일 파티 – 정말 많이 먹음	휴가 시작 – 회사 안 가니까 정말 좋음	밖에 안 나감 집에서 계속 쉼	친구들 만나고 영화 봄	음식을 사고 스키복을 준비함	스키장에 감	하루 종일 스키 탐

① 이 사람은 회사원입니다.　　　　② 월요일부터 휴가였습니다.

③ 수요일에는 집에만 있었습니다.　　　　④ 금요일부터 토요일까지 스키장에 갔습니다.

8. 다음을 읽고 대화의 내용과 같은 것을 고르십시오.

> A : 사장님, 제가 몇 시까지 오면 될까요?
> B : 식당이 11시에 문을 여니까 10시 반까지 오세요.
> A : 제가 무엇을 준비하면 돼요?
> B : 편한 신발을 신으세요. 그리고 아르바이트를 하는 동안 늦게 오면 안됩니다.
> A : 네, 알겠습니다. 일찍 올게요.
> B : 내일 봅시다.

① A는 아르바이트생입니다.　　　　② 식당에 11시까지 와야 합니다.

③ 오늘부터 일을 시작해야 합니다.　　　　④ A는 내일 사장님을 못 만날 겁니다.

9. 다음을 읽고 대화를 완성하십시오.

> 민수 씨는 오늘 밤에 낚시를 할 겁니다. 그래서 지금 준비를 하고 있습니다. 자크도 밤낚시를 하고 싶었습니다. 그래서 자크와 민수는 같이 밤낚시를 갈 겁니다. 민수가 조금 후에 전화할 겁니다. 두 사람은 인천 영종도로 갈 겁니다.

⇩

> 자크 : 민수 씨, 어디 가요?
>
> 민수 : 오늘 밤에 낚시를 하려고 준비를 하고 있어요.
>
> 자크 : 정말요? 저도 정말 밤낚시를 하고 싶었어요.
>
>   같이 가면 _________________________________?
>
> 민수 : 좋아요. 그러면 이따가 제가 _________________________.
>
> 자크 : 어디로 갈 거예요?
>
> 민수 : 인천 알지요? 인천 영종도로 _______________________.

10. 여러분은 방이나 집을 구해 봤습니까? 집이나 방을 구하는 광고에는 어떤 내용이 있습니까? 인터넷 게시판에 방이나 집을 구하는 내용을 쓰십시오.

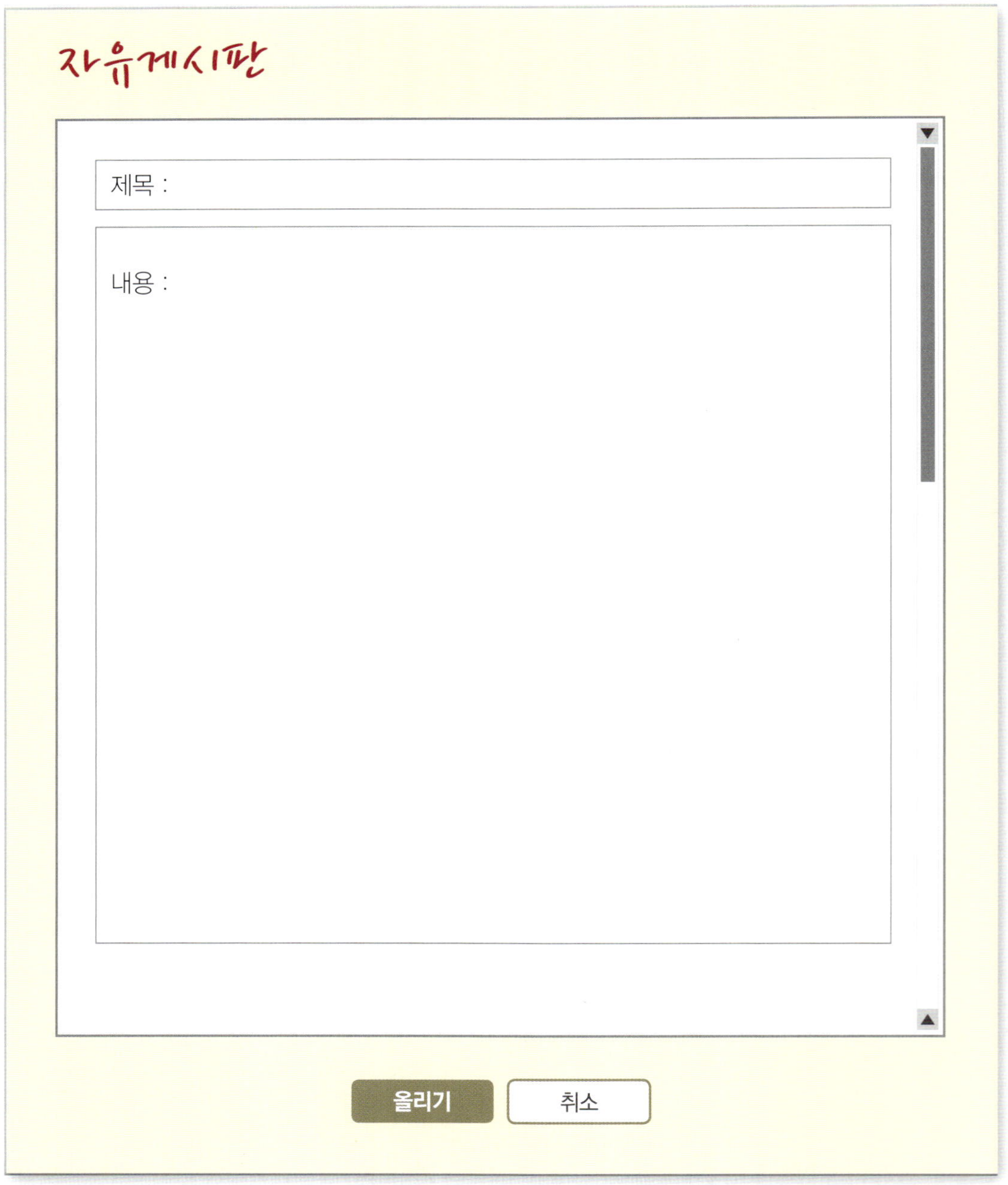

Chapter 3 is finished. Did you understand everything? Check the questions below.

Question	Self-Assessment No ----------- Yes				
1. Can you express your will or decision using '-(으)ㄹ게요'?	1	2	3	4	5
2. Can you make an appointment using '-(으)ㄹ까요?' or '-(으)ㅂ시다'?	1	2	3	4	5
3. Can you make a call in Korean?	1	2	3	4	5
4. Can you write a memo or diary using '-(으)ㅁ'?	1	2	3	4	5

Culture

한국의 재미있는 전화번호 Funny Phone Numbers of Korea

Can you tell what the number 'XXX-8282' is? Read the number as pronounced once and read it again fast. Is there a word that comes to your mind? '8282' is [팔이팔이], which becomes [파리파리] which reminds us of '빨리빨리'. Thus, it means to do something fast, and is a number that is often used by delivery restaurants or delivery business. So it can be easily found in phone numbers of fried chicken stores or parcel delivery services. There are many funny numbers in Korea like this one. Now, try to figure out what kind of numbers these phone numbers are:

'2424', '4989', '5858', '4825', '8924', '7575', '7777', '4444'….

'2424' is '이사이사', the number of a moving company. '4989' is '사고 팔고' meaning a number for a second hand store which buys and sells; '5858' and '4825', [오팔오팔], [사팔이오] are similar to the names of the jewels '오팔opal' and '사파이어sapphire' and thus are frequently used as a jewelry store's number. '8924' is [팔구이사] which means '팔고 이사' 'to sell and move' and so is a number for real estate agencies; '7575' [칠오칠오] is '치로치로', which is a hospital number as '치료치료' means 'treat treat'; '7777' implies painting as [칠칠칠칠], so it's the number of a paint store.

Once a pizzeria advertised 'XXX-3082' as its number, which meant that it delivers within 30 minutes of ordering. Also in Korea, the number '4' is pronounced same as the Chinese character '사(死)' which means death and so is not often used. However, the number '4444' is often used for funeral halls or crematoriums.

Now, from today look carefully at phone numbers of stores around you. What kinds of numbers are frequently used in your country? Are there numbers you would like to introduce?

지난주에 부산 바다에 가 봤어요

I went to the Pusan Sea last week.

After learning chapter 4

> You will be able to make a request or describe your experience.
> You will be able to express admiration.

Grammar and Expressions
–아/어 보다, –네요, –(는)군요, –아/어 주다

Culture
노래방과 찜질방 Noraebang and Jjimjilbang

Dialogue

Alexander, who is staying in the same guest house, has been to Korea many times. What are he and Jacques talking about?

게스트 하우스에서 – 알렉산더와

자크   알렉산더 씨는 한국에 자주 와요? 저는 처음이에요.

알렉산더   저는 사진작가라서 배낭여행을 많이 다녀요.
한국에도 사진을 찍으러 여러 번 와 봤어요.

자크   그럼 사진을 정말 잘 찍겠네요. 사진 좀 볼 수 있을까요?

알렉산더   잠깐만요. (카메라를 꺼내며) 지난주에 부산 바다에서 사진을 찍어 봤어요.

자크   와~ 바다가 정말 파랗고 깨끗하네요! 한국의 바다는 정말 아름답군요!

알렉산더   자크 씨도 한번 가 보세요. 여름 바다는 정말 시원해요.

자크   또 어디가 좋아요? 이 근처 장소를 추천해 주세요.

알렉산더   인사동이나 경복궁에 가 보세요. 게스트하우스에서 가까워요.

At the guest house - with Alexander

Jacques   Do you come to Korea often? It is the first time for me.

Alexander   I go backpacking a lot because I am a photographer.
I've been to Korea many times to take photographs.

Jacques   Then you must take pictures very well. Could I see your photographs?

Alexander   Wait a second. (taking out a camera) I tried taking photographs at the Busan seashore last week.

Jacques   Wow~ The sea is really blue and clean! The Korean sea is really beautiful!

Alexander   You should pay a visit there, too. The summer sea is really cool.

Jacques   Where else is good? Please recommend a place around here.

Alexander   Go to Insa-dong or Gyeongbokgung. They are near the guesthouse.

- ☐ **사진작가** photographer **Ex.** 이 사진작가는 한국에서 아주 유명해요.
- ☐ **배낭여행** backpacking trip **Ex.** 지난 휴가에 유럽으로 배낭여행을 갔어요.
- ☐ **파랗다** blue **Ex.** 하늘이 정말 파랗고 높네요.
- ☐ **깨끗하다** clean **Ex.** 이 게스트하우스는 정말 깨끗하고 주인이 친절해요.
- ☐ **아름답다** beautiful **Ex.** 제주도의 경치가 참 아름다워요.
- ☐ **여름** summer **Ex.** 그 곳은 여름 날씨가 어때요?
- ☐ **시원하다** cool **Ex.** 바닷바람이 정말 시원하네요.
- ☐ **또** again **Ex.** 제가 여기에 또 올 수 있을까요?
- ☐ **추천하다** recommend **Ex.** 이 식당은 뭐가 맛있어요? 음식을 좀 추천해 주세요.
- ☐ **인사동** Insadong / a village in Seoul where there are many stores selling traditional Korean items which is very popular as there are traditional tea houses and art museums. **Ex.** 인사동에 가면 한국 전통 인형을 살 수 있어요?
- ☐ **경복궁** Gyeongbokgung **Ex.** 경복궁 안에 민속박물관도 있어요.
- ☐ **가깝다** near **Ex.** 인사동은 경복궁에서 가까워요.

Pronunciation  14

‘ㄴ’ 첨가 Adding ‘ㄴ’

In a compound word where the first word ends in a consonant and the word after starts with the syllable ‘이, 야, 여, 요’, or ‘유’, add ‘ㄴ’ sound and pronounce [니, 냐, 녀, 뇨, 뉴]. For example, ‘잠깐만요’ is [잠깐만뇨] and ‘솜이불’ is [솜니불]. In the case of ‘서른 여섯’, if it is read as one word, it is pronounced [서른녀섯].

How should this be pronounced? Please read the below.

❶ 저는 사진작가라서 배낭여행을 많이 다녀요.

❷ 색연필 좀 빌려 주세요.

① 배낭여행 → [배낭녀행]

② 색연필 → [생년필]

Grammar

1 –아/어 보다

Easy | Normal | **Hard**

Comes behind a verb to express the experience of doing an action once or a past experience. In the informal present ending word '–아/어요' omit '요' and add '보다'. For other vowels, in case of '–어 보다', and '하다' verb, it is '–여 보다' which becomes '해 보다'.

Infinitive form	–아/어 보다	–아/어 봤다
가다	가요 + 보다 → 가 보다	가 봤다
먹다	먹어요 + 보다 → 먹어 보다	먹어 봤다
운전하다	운전해요 + 보다 → 운전해 보다	운전해 봤다
살다	살아요 + 보다 → 살아 보다	살아 봤다
*듣다	들어요 + 보다 → 들어 보다	살아 봤다
*쓰다	써요 + 보다 → 써 보다	써 봤다
*돕다	도와요 + 보다 → 도와 보다	도와 봤다

Ex. 한 번 **가 보세요**. You should try going once.

이 음악을 **들어 볼까요**? Shall we try to listen to this music?

바다에서 사진을 **찍어 봤어요**. I have taken a picture at the sea.

저는 한국에서 **살아 봤어요**. I have lived in Korea before.

When using '보다' and '–아/어 보다' together, it is '봐요+보다' and becomes '봐 보다', but as '보다' is repeated, it is often omitted.

Ex. 영화를 봐 보세요. (×) (보다 + 보세요) → 영화를 보세요. (○) Watch the movie.

영화를 봐 봤어요. (×) (보다 + 봤다)

→ 영화를 본 적이 있어요. (○) (See Chapter 5) I have seen the movie.

2 –네요

Easy | **Normal** | Hard

An expression to show admiration, surprise, or happiness regarding a newly learned fact through personal experience or to show agreement to another's story.

Ex. 바다가 정말 파랗고 **깨끗하네요**! The sea is really blue and clean!

외국어 실력이 **대단하네요**! Your foreign language level is great!

지금 밖에 날씨가 정말 **춥네요**. The weather outside right now is really cold.

와! 이 음식은 정말 **맛있네요**. Wow! This food is really tasty.

3 -(는)군요

Easy Normal Hard

Used to show surprise or happiness when learning a new fact. After an adjective, '이다/아니다', and '있다/없다' becomes '-군요, and after a verb comes '-는군요'.

Adjective 이다/아니다 있다/없다	-군요	Verb(현재)	-는 군요
		Verb(과거)	-았/었군요
예쁘다 + -군요 → 예쁘군요		먹다 + -는군요 → 먹는군요 먹었다 + -군요 → 먹었군요	

Ex. 정말 **아름답군요**! It is really beautiful.

이젠 진짜 **가을이군요**. It is really fall now.

신문이 여기에 **있었군요**. The newspaper was here.

와! 세상이 빨리 **변하는군요**. Wow! The world changes fast.

감탄사 Exclamations

와	Wow	아이쿠. 아이고.	Oops
만세!	Hooray!	어머나	Dear me!
엄마야. 세상에.	Oh my God.	이런	Gee!
오~	Oh	어휴. 휴.	Whew
아~	Ah~	저런	Oh, dear!
어? 어머	Oh my!	글쎄	Well
맙소사	Good heavens!		

Grammar

4 –아/어 주다   Easy | Normal | **Hard**

Combined with a verb to express doing an action for someone else. In the informal present ending word '–아/어요' omit '요' and add '주다'. For other vowels, in the case of the verbs '–어 보다', and '하다', it is '–여 보다' is combined so that '하여주다' becomes '해 주다'. '–아/어 주세요' or '–아/어 주시겠어요?' is used when speaker is politely requesting an action to another for the speaker.

Infinitive form	–아/어 주다
가다	가요 + 주다 → 가 주다
읽다	읽어요 + 주다 → 읽어 주다
청소하다	청소해요 + 주다 → 청소해 주다
만들다	만들어요 + 주다 → 만들어 주다
*듣다	들어요 + 주다 → 들어 주다
*쓰다	써요 + 주다 → 써 주다
*돕다	도와요 + 주다 → 도와 주다

Ex. 근처 장소를 <u>추천해 주세요</u>. Please recommend a nearby place.

친구가 한국어를 <u>가르쳐 주었어요</u>. My friend taught me Korean.

재미있는 옛날이야기 좀 <u>해 주세요</u>. Please tell me a fun bedtime story.

사진 좀 <u>찍어 주시겠어요</u>? Could you take a picture?

1. When asking somebody for help : –아/어 주세요, –아/어 주시겠어요?
   When trying to help somebody : –아/어 줄게요, –아/어 줄까요?

2. The honorific expression of '–아/어 주다' is '–아/어 드리다'. '–아/어 드리다' is used when a speaker is taking action for a person who has higher social standing, or a stranger, or to a person whom the speaker must be polite to.
   Ex. 제가 <u>도와 드릴게요</u>. I will help you.

   문을 <u>열어 드리세요</u>. Please open the door for him/her.

3. –(으)세요 vs –아/어 주세요

   –(으)세요 : A simple command or request to the listener to do an action for the listener's sake.
   Ex. 이 책을 읽으세요. Read this book. (For the sake of the listener)

   –아/어 주세요 : A request to the listener to do an action for the sake of the speaker.
   Ex. 이 책을 읽어 주세요. Please, read this book. (For my sake)

친구와 목욕탕

제 친구 이야기입니다.

제 친구는 한국 음식을 좋아합니다.

특히 감자탕, 닭볶음탕, 삼계탕, 설렁탕 등 국물 음식을 좋아합니다.

어느 날이었습니다.

"우리 뭐 먹을까요?"

"아! 저는 새로운 음식을 먹어 보고 싶어요."

"뭐요?"

"학교 근처에 식당이 있어요. 같이 가 주세요."

"좋아요. 같이 갑시다."

학교에서 5분쯤 걸어갔습니다. 그런데 그 식당은… 바로 '목욕탕'이었습니다. 친구는 목욕탕을 먹어 보고 싶어 했습니다.

저는 얼른 목욕탕을 설명했습니다. 목욕탕 앞에서 친구와 크게 웃었습니다.

그 다음에 친구와 함께 목욕탕에 가 봤습니다.

오늘은 그 친구가 많이 보고 싶네요.

New Words

목욕탕 bathhouse	**삼계탕** Samgyetang	**얼른** quickly
특히 especially	**설렁탕** Seolleongtang	**크게** big
감자탕 Gamjatang	**국물** soup	**웃다** laugh
닭볶음탕 Dak bokkeumtang	**새롭다** new	

다음 질문에 답하십시오.

1 이 글의 내용과 같으면 O, 다르면 X 하십시오.

1) 친구는 한국 음식을 좋아합니다. (   )

2) 친구는 목욕탕을 먹어 봤습니다. (   )

3) 저는 친구에게 한국 음식을 추천했습니다. (   )

4) 친구는 목욕탕을 음식 이름으로 생각했습니다. (   )

5) 저는 요즘도 친구와 같이 목욕탕에 자주 갑니다. (   )

Additional Vocabulary

형용사 Adjective

크다 big	작다 small	쉽다 easy
어렵다 difficult	무겁다 heavy	가볍다 light
많다 many	적다 less	멀다 far
가깝다 near	길다 long	짧다 short
바쁘다 busy	아프다 sick	힘들다 tough
피곤하다 tired	더럽다 dirty	깨끗하다 clean
조용하다 quiet	시끄럽다 noisy	부드럽다 soft
딱딱하다 hard	두껍다 thick	얇다 thin
빠르다 fast	느리다 slow	높다 high
낮다 low		

색 Color

	빨간색 red		파란색 blue
	노란색 yellow		초록색(녹색) green
	주황색 orange		보라색 purple
	하얀색(흰색) white		검은색 black
	분홍색 pink		하늘색 sky blue
	갈색 brown		회색 gray

● Vocabulary and Expressions

1. '-네요'나 '-(는)군요'를 사용하여 다음 대화를 완성하십시오.

1 A : 제 여자 친구 사진이에요.

　　B : 여자 친구가 참 ＿＿＿＿＿＿＿＿＿＿. 두 사람이 잘 어울려요.
　　　　　　　　　　　　　　(예쁘다)

2 A : 요즘 사람들이 이 옷을 많이 입어요.

　　B : 이 스타일이 ＿＿＿＿＿＿＿＿＿. 저도 입어 볼래요.
　　　　　　　　　　　(유행이다)

3 A : 자장면 배달 왔습니다.

　　B : 와! 자장면이 정말 빨리 ＿＿＿＿＿＿＿＿. 빨리 먹읍시다.
　　　　　　　　　　　　　　　(오다)

2. 보기 처럼 대화를 완성하십시오.

> 보기　A : 한국에 가 봤어요?
>
> 　　　B : 아니요, <u>한국에 안 가 봤어요.</u>
>
> 　　　A : 그럼 한번 <u>가 보세요.</u> 한국의 문화가 정말 재미있어요.

1 A : 불어를 배워 봤어요?

　　B : 아니요, ＿＿＿＿＿＿＿＿＿＿＿＿.

　　A : 그럼 한번 ＿＿＿＿＿＿＿＿. 불어는 발음이 참 예뻐요.

2 A : 김치를 담가 봤어요?

　　B : 아니요, ＿＿＿＿＿＿＿＿＿＿＿＿.

　　A : 그럼 한번 ＿＿＿＿＿＿＿＿. 직접 만들면 맛이 달라요.

3 A : 그 가수의 신곡을 들어 봤어요?

　　B : 아니요, ＿＿＿＿＿＿＿＿＿＿＿＿.

　　A : 그럼 한번 ＿＿＿＿＿＿＿＿. 정말 좋아요.

3. 다음 그림을 보고 대화를 완성하십시오.

A : 어? 지갑에 돈이 없어요. 돈 좀ㅤ___________________________.

B : 그래요? 그럼 제가 돈을 빌려 드릴게요.

A : 손님, 어떤 책을 찾으세요? 제가 좀 도와 드릴까요?

B : 네. 책 제목은 '한국의 색, 한국의 맛'입니다.
　　좀ㅤ___________________________.

● Listening

4. 다음 대화를 듣고 알맞은 그림을 고르십시오. 15

① 

② 

③ 

④ 

5. 다음 대화를 듣고 이어질 수 있는 말을 고르십시오. 16

① 아니요, 사실 조금 부족해서 조금 걱정이에요.

② 맞습니다. 한국 노래가 제일 좋지요? 저도 그래요.

③ 네, 외국인 노래 대회는 내일까지 접수해야 합니다.

④ 그럼요, 걱정하지 말고 신청해 봐요. 잘 할 수 있을 거예요.

6. 다음을 읽고 글을 쓴 목적을 고르십시오.

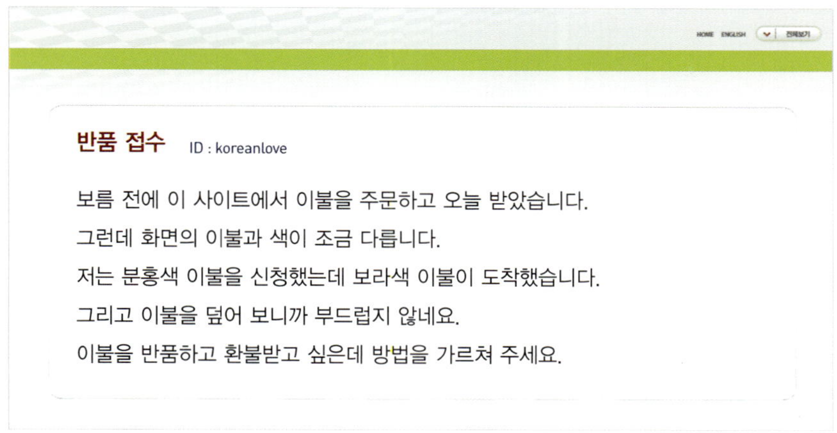

① 반품을 하고 싶은데 방법을 몰라서

② 주문 상품을 사람들에게 소개하려고

③ 인터넷으로 주문한 물건이 마음에 들어서

④ 이불의 색이 마음에 들지 않아서 반품하려고

7. 다음을 읽고 내용과 같은 것을 고르십시오.

> 저는 오늘 한국의 전통 옷 '한복'을 입어 봤습니다. 한복은 색이 밝고, 화려해서 정말 아름다웠습니다. 한복은 크기가 커서 몸이 편하고 건강에도 좋습니다. 그리고 날씬하고 뚱뚱함, 키가 크고 작음이 중요하지 않습니다. 저는 한복이 매우 마음에 듭니다. 여러분도 꼭 한번 입어 보세요!

① 한복은 색이 어두워서 아름답습니다.

② 한복은 한국의 전통 옷이어서 비쌉니다.

③ 한복은 건강에 아주 좋고 몸이 편합니다.

④ 한복은 키가 크고 뚱뚱하면 입을 수 없습니다.

● **Writing**

8. 다음 대화를 읽고 글을 완성하십시오.

A : 와~ 지수 씨의 가족사진이에요?
B : 네, 한 달 전에 찍었어요.
A : 남동생이 참 잘 생겼군요.
B : 제 동생은 아버지를 많이 닮았어요.
A : 그렇군요. 아버지도 정말 멋있으시네요.
B : 저와 아버지는 안 닮았어요. 머리색도 달라요.
A : 그러네요. 지수 씨는 어머니를 닮았군요.
B : 네, 어머니도 쌍꺼풀이 없고, 저도 없어요.
A : 지수 씨 가족은 다 키가 크네요. 그리고 모두 날씬해요.

⇩

지수 씨의 가족사진입니다. 지수 씨의 가족은 모두 네 명입니다.

9. 여러분은 살면서 잊지 못할 경험이 있습니까? 어떤 일이었습니까? 이유는 무엇입니까?

Self-Assessment

Chapter 4 is finished. Did you understand everything? Check the questions below.

Question	Self-Assessment				
	No ------------ Yes				
1. Can you use '-아/어 주다' to express action for another or request an action of another?	1	2	3	4	5
2. Can you use '-네요' or '-(는)군요' naturally to show surprise or admiration?	1	2	3	4	5
3. Can you use '-아/어 보다' to express a recommendation or suggestion regarding a past experience or new attempt?	1	2	3	4	5
4. Did you learn various adverbs and color expressions?	1	2	3	4	5

Culture

노래방과 찜질방 Noraebangs and Jjimjilbangs

" The third place today is noraebang~."

"Let's go to a jjimjilbang this week and have a good sweat."

Have you ever heard these phrases?

There are two popular rooms (bang) in Korea. They are the '노래방' and the '찜질방'

Korean people like to sing. In a noraebang, people not only sing but also dance and other people use the tambourine to be more joyful.

In a noraebang, people can sing actively, as they are in a closed room with only people they know, and unlike at home or outside, there is a microphone and music so you can sing like a real singer. Moreover, lyrics are provided, so you can sing all the songs you want even if you don't know the words. A noraebang, which anyone can enjoy, is one of Korea's entertainments where anyone can be a singer. These days, noraebangs record the songs you sing and uploads them to the Internet so you can listen to them again.

A jjimjilbang is a health facility based on 50 to 90-degrees low-temperature saunas, which are usually open 24 hours. They are a good place to make both body and mind light by releasing daily stress and sweat. Also, you can stay overnight cheaply, so travelers can use it as accommodation. Nowadays, it has become a place for dates for couples, and a family weekend outing place. In jjimjilbangs, there are not only sauna and bath facilities, but also diverse facilities including PC room, sleeping rooms, arcades, theatres, bowling alleys, restaurants, snack shops, fitness clubs, noraebangs, and massage units. Recently, there have been a variety of jjimjilbangs including healthy jjimjilbang using herbs, chinese medicine, mud, and charcoal, or jjimjilbangs with themes likes concerts or water parks. Most importantly, in a jjimjilbang, using your towel to make a sheep head and eating boiled eggs with sikhye are a must.

Though jjimjilbangs started out as bathhouses, they are now not just simple places to wash, but places where one can enjoy diverse cultural experiences.

You should go to a jjimjilbang in Korea. The expression '시원하다' will come out automatically.

한국어를 배운 지 1년이 조금 넘었어요

It has been a little over a year since I've been learning Korean.

After learning chapter 5

> You will be able to make expressions related to change in time or experiences attempted in the past.
> You will be able to express 2 actions made at the same time.

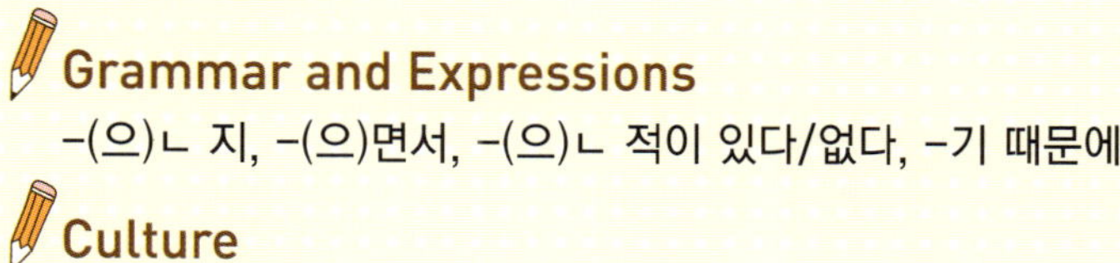

Grammar and Expressions
–(으)ㄴ 지, –(으)면서, –(으)ㄴ 적이 있다/없다, –기 때문에

Culture
한국의 군대 Korea's Mi.itary

Dialogue

Jacques finally went to see Girls Generation. He has met Jinsu, the president of the Girls Generation fan club, and is now in a conversation.

팬미팅 현장에서 – 팬클럽 회장과 (1)

진수 자크 씨, 반가워요. 한국에 온 지 얼마나 됐어요?

자크 일주일 됐어요. 저는 소녀시대를 직접 본 적이 없어서 지금 너무 설레요.

진수 자크 씨는 한국어를 참 잘 하네요. 한국어를 언제부터 배웠어요?

자크 한국어를 배운 지 1년이 조금 넘었어요. 소녀시대 음악을 들으면서 한국어를 공부했어요.

진수 저는 군대에서 소녀시대를 만난 적이 있어요. 그 때부터 소녀시대를 좋아했어요.

자크 군대요? 소녀시대가 군대도 가요?

진수 아니요, 소녀시대는 군인들에게 인기가 많기 때문에 위문 공연을 많이 다녀요.

자크 그렇군요. 진수 씨, 이제 곧 시작해요. 보면서 또 이야기해요.

At a Girls Generation fan meeting place – With the Fan club president

Jinsu Jacques, it is nice to meet you. How long has it been since you arrived in Korea?

Jacques It has been a week. I never saw Girls Generation directly, so I'm very excited right now.

Jinsu You speak Korean very well Jacques. How long have you been learning Korean?

Jacques It has been a little over a year since I've been learning Korean. I have listened to Girls Generation music while I've studied Korean.

Jinsu I once met Girls Generation when I was in the military. I have liked Girls Generation ever since.

Jacques The military? Girls Generation was in to the military?

Jinsu No, because Girls Generation is popular among soldiers, they do many encouragement performances for the military.

Jacques I see. Jinsu, it will start soon. Let's talk while watching.

Words and Expressions

- ☐ **팬미팅**　fan meeting / When a famous singer or actor meets and communicates with fans.
  Ex. 팬미팅에 가 본 적이 있어요?

- ☐ **현장**　on site　Ex. 교통사고 현장에 있었어요.

- ☐ **팬클럽**　fan club　Ex. 그 가수의 팬클럽 이름이 뭐예요?

- ☐ **회장**　president　Ex. 저 친구가 우리 고등학교 회장이었어요.

- ☐ **직접**　directly　Ex. 제가 민수 씨를 직접 만나서 이야기하고 싶어요.

- ☐ **설레다**　excited　Ex. 오늘 지하철에서 이상형의 남자를 만나 마음이 설렜어요.

- ☐ **넘다**　over　Ex. 18살이 넘은 뒤로 부모님의 돈을 받아 본 적이 없어요.

- ☐ **군대**　military　Ex. 한국에서는 모든 남자들이 군대에 가지요?

- ☐ **때**　at that time / this moment　Ex. 5살 때부터 춤을 좋아했어요.

- ☐ **인기**　popular　Ex. 우리 학교에서 음악 선생님이 인기가 정말 많아요.

- ☐ **위문**　encouragement　Ex. 학생 때 크리스마스에 군인들에게 위문편지를 쓴 적이 있어요.

- ☐ **공연**　performance　Ex. 이번 주말에 난타 공연을 보러 갈까요?

- ☐ **그렇다**　I see.　Ex. A : 요즘 그 커피숍이 공사 중이어서 문을 안 열어요. B : 그렇군요. 알려 주셔서 감사합니다.

- ☐ **이제**　now　Ex. 이제 그만 해요.

- ☐ **곧**　soon　Ex. 곧 공연을 시작하겠습니다.

Pronunciation　(◉) 18

격음화 Aspirated consonant

Final consonant ' ㄱ, ㄷ, ㅂ, ㅈ ' are combined with ' ㅎ ' and pronounced as [ㅋ, ㅌ, ㅍ, ㅊ]. For example, '축하해요' pronounced as [추카해요] and '좋지요' as [조치요].

ㄱ → [ㅋ] 국화 → [구콰]　　ㄷ → [ㅌ] 좋다 → [조타]

ㅂ → [ㅍ] 입학 → [이팍]　　ㅈ → [ㅊ] 넣지 → [너치]

How should this be pronounced? Please read the below.

❶ 이제 곧 시작해요.

❷ 소녀시대는 군인들에게 인기가 많기 때문에 위문 공연을 많이 다녀요.

❸ 거기까지 어떻게 가요?

① 시작해요 → [**시자캐요**]

② 많기 → [**만키**]

③ 어떻게 → [**어떠케**]

1 -(으)ㄴ 지 since

Easy | **Normal** | Hard

Comes after a verb to show a change in time. Usually used with '-(으)ㄴ 지 -이/가 되다/지나다/넘다' expressions. If the stem of the verb is a vowel or ends in 'ㄹ', add '-ㄴ 지', if it ends in a consonant, add '-은 지'.

Infinitive form	-ㄴ 지	Infinitive form	-은 지
가다	가다 + ㄴ 지 → 간 지	먹다	먹다 + 은 지 → 먹은 지
보다	보다 + ㄴ 지 → 본 지	읽다	읽다 + 은 지 → 읽은 지
공부하다	공부하다 + ㄴ 지 → 공부한 지	*듣다	듣다 + 은 지 → 들은 지
*놀다	놀다 + ㄴ 지 → 논 지	*짓다	짓다 + 은 지 → 지은 지
*만들다	만들다 + ㄴ 지 → 만든 지	*돕다	돕다 + 은 지 → 도운 지

Ex. **한국에 온 지** 얼마나 됐어요? How long has it been since you arrived in Korea?

한국에서 산 지 5년이 지났어요. It has been five years that I lived in Korea.

영어를 배운 지 오래되었지만 말하기를 아직 잘 못 해요.

Though it has been long since I have be learning/studying English, I still can't speak well.

저녁을 먹은 지 벌써 세 시간이 지났어요. 배고파요. It has been 3 hours since dinner. I'm hungry.

2 -(으)면서 v-ing

Easy | **Normal** | Hard

Used when expressing doing an action while doing another at the same time. If the stem of verb is a vowel or ends in 'ㄹ', add '-면서', if it ends in a consonant, add '-으면서'.

Infinitive form	-면서	Infinitive form	-으면서
가다	가다 + 면서 → 가면서	먹다	먹다 + 으면서 → 먹으면서
보다	보다 + 면서 → 보면서	읽다	읽다 + 으면서 → 읽으면서
운동하다	운동하다 + 면서 → 운동하면서	*듣다	듣다 + 으면서 → 들으면서
*살다	살다 + 면서 → 살면서	*짓다	짓다 + 으면서 → 지으면서
*만들다	만들다 + 면서 → 만들면서	*돕다	돕다 + 으면서 → 도우면서

Ex. **보면서** 또 이야기해요. let's talk while watching.

운전하면서 전화하면 안 돼요. You can't talk on the phone while driving.

우리, 밥을 **먹으면서** 계속 회의를 합시다. Let's continue the meeting while eating.

우와, 춤을 **추면서** 어떻게 저렇게 노래를 잘 해요?

Wow, how does he sing like that while dancing?

③ –(으)ㄴ 적이 있다/없다 have p.p/have never p.p Easy Normal **Hard**

Combined with verb to express experience. Frequently used combined with '–아/어 보다', such as '가 본 적이 있다', '먹어 본 적이 없다' which means the same, expressing experience. If the stem of the verb is a vowel or ends in 'ㄹ', add '–ㄴ 적이 있다/없다', if it ends in a consonant, add '–은 적이 있다/없다'.

Infinitive form	–ㄴ 적이 있다/없다	Infinitive form	–은 적이 있다/없다
가다	가다 + ㄴ 적이 있다/없다 → 간 적이 있다/없다	먹다	먹다 + 은 적이 있다/없다 → 먹은 적이 있다/없다
보다	보다 + ㄴ 적이 있다/없다 → 본 적이 있다/없다	읽다	읽다 + 은 적이 있다/없다 → 읽은 적이 있다/없다
공부하다	공부하다 + ㄴ 적이 있다/없다 → 공부한 적이 있다/없다	*듣다	듣다 + 은 적이 있다/없다 → 들은 적이 있다/없다
*살다	살다 + ㄴ 적이 있다/없다 → 산 적이 있다/없다	*짓다	짓다 + 은 적이 있다/없다 → 지은 적이 있다/없다
*만들다	만들다 + ㄴ 적이 있다/없다 → 만든 적이 있다/없다	*돕다	돕다 + 은 적이 있다/없다 → 도운 적이 있다/없다

Ex. 저는 군대에서 소녀시대를 **만난 적이 있어요**. I once met Girls generation in the military.

제 동생은 해외여행을 **한 적이 없어요**. My brother has never traveled abroad.

그 사람은 건강해서 감기에 **걸린 적이** 한 번도 **없습니다**.

He is healthy, so he has never caught a cold.

학교에서 김치를 **만든 적이 있어요**. I made kimchi once at school.

-(으)ㄴ 지 오래되다 ↔ -(으)ㄴ 지 얼마 안 되다
The opposite expression of '-(으)ㄴ지 오래되다' is '-(으)ㄴ지 얼마 안 되다'.
Ex. 한국에 온 지 오래 되었어요. ↔ 한국에 온 지 얼마 안 되었어요.
It has been a long time since I've arrived in Korea. ↔ It has not been long since I've arrived in Korea.

Grammar

4 –기 때문에 because

Expression used to show a reason or cause for an event. When used with a verb or adjective, add '–기 때문에' to the stem of the verb or adjective and when used with a noun, add '–때문에' after the noun. The form '명사+이다' is used as '명사+–이기 때문에'.

Ex. 소녀시대는 군인들에게 인기가 **많기 때문에** 위문 공연을 많이 다녀요.

Because Girls Generation is popular among soldiers, they do many encouragement performances.

오늘 출장을 가야 **하기 때문에** 약속을 미뤄야겠어요.

Because I am going on a business trip today, I have to push back the appointment.

요즘 과일이 너무 **비싸기 때문에** 많이 못 먹어요.

Because fruit is too expensive these days, I cannot eat a lot.

한국인 **남자 친구 때문에** 한국어를 배우기 시작했어요.

Because of my Korean boyfriend, I started learning Korean.

Though '–기 때문에' is used when connecting phrases, when used after phrase, it is often used as '왜냐하면 – 기 때문이다' when written.

Ex. 요즘 한국어를 배우는 사람들이 많습니다. 왜냐하면 한국에 대한 관심이 높기 때문입니다.

Recently there are many people who learn Korean. This is because interest in Korea is high.

자유게시판

소녀시대 서현에게

안녕하세요? 저는 프랑스 사람 자크입니다. 정말 소녀시대 팬이에요.^^

이렇게 한국어로 글을 쓰니까 좀 긴장이 됩니다. 사실 아까 팬미팅에 갔다 왔어요. 팬미팅에 가기 전에는 소녀시대를 직접 본 적이 한 번도 없었어요. 텔레비전으로만 보면서 직접 보면 얼마나 좋을까 생각했어요. 그런데 이렇게 눈앞에서 보니 정말 행복했습니다.

저는 한국에 온 지 한 달쯤 되었습니다. 한 달 동안 한국어 공부도 하고 관광도 하면서 재미있게 지냈어요. 소녀시대를 만나면 한국어로 이야기하고 싶었기 때문에 한국어 공부를 더 열심히 했습니다. 오늘 만남을 잊지 못할 거예요.

고맙습니다. 다음에 프랑스에 공연하러 오면 꼭 만나러 갈게요.

그럼 안녕히 계세요.

자크 베랭

저장하기　다시 입력하기

New Words

팬레터 fan letter	**이렇게** like this	**만남** meet
긴장되다 nervous	**사실** actually	**잊다** forget
아까 a moment ago	**행복하다** happy	**저장하다** to save
갔다오다 go and return	**더** more	**입력하다** to input, to enter

다음 질문에 답하십시오.

1 누가 누구에게 쓴 편지입니까?

2 자크는 소녀시대를 어디에서 봤습니까?

3 자크는 한국에 온 지 얼마나 되었습니까?

4 자크는 왜 한국어 공부를 더 열심히 했습니까?

5 자크는 오늘 기분이 어떻습니까?

Additional Vocabulary

모임 Gatherings

동창회 alumni(pl.) / alumnus(s.)	향우회 region union	송년회 year-end party
환영회 welcoming party	동호회 society	동아리 club
회식 company dinner	사인회 signing	팬클럽 fan club
팬미팅 fan meeting		

약속 Promises

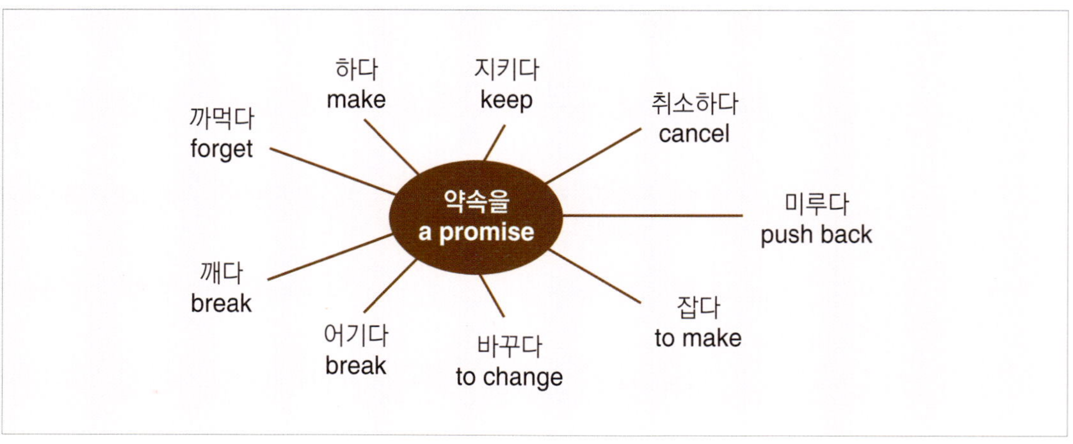

● Vocabulary and Expressions

1. 보기 에서 알맞은 말을 골라 문장을 완성하십시오.

> 보기 미루다   지키다   취소하다   맞다   어기다

보기 저는 눈이 너무 많이 와서 약속을 다음 날로 <u>미룬</u> 적이 있어요. 다음 날은 날씨가 괜찮았어요.

1 저는 지하철이 고장 나서 친구와의 약속을 _______________ 이 있어요. 전화를 집에 놓고 갔기 때문에 전화도 못했어요.

2 저는 여자 친구한테서 바람을 _______________ 이 있어요. 여자 친구 회사에 급한 일이 생겨서 그랬어요.

3 저는 생일 파티를 _______________ 이 있어요. 제가 갑자기 병원에 입원했기 때문이에요. 생일을 병원에서 혼자 보냈어요.

2. 다음 그림을 보고 동시에 무엇을 하는지 빈칸에 쓰십시오.

보기 

저는 가끔 <u>요리하면서</u> 친구와 전화해요.

저는 밥을 _______________ 텔레비전을 봐요.

저는 음악을 _______________ 노래를 불러요.

저는 _______________ 한국어 단어를 외워요.

3. 다음 문장을 읽고 밑줄 친 것이 맞으면 O, 틀리면 X를 하고 틀린 것은 맞게 고치십시오.

1 그 사람을 <u>알았는 지</u> 10년이 되었습니다. (　　) →

2 우리가 <u>사귄 지</u> 벌써 6년이 지났습니다. (　　) →

3 전혀 아프지 <u>않았기 때문에</u> 병이 있는지 몰랐습니다. (　　) →

4 지금은 <u>수업시간 때문에</u> 핸드폰을 사용하면 안 됩니다. (　　) →

● **Listening**

4. 다음 대화를 듣고 운전하면서 하면 <u>안</u> 되는 것을 모두 고르십시오. 🔘 19

① 
③ 

② 
④ 

5. 다음을 듣고 대화의 내용과 같은 것을 고르십시오. 🔘 20

① 남자는 밥을 먹으면서 TV를 봅니다.

② 여자는 TV를 보면서도 대화할 수 있습니다.

③ 남자는 TV를 보면서 가족들과 이야기를 많이 합니다.

④ 여자는 결혼 전에는 밥을 먹으면서 TV를 안 봤습니다.

6. 다음은 무엇을 의미하는지 고르십시오.

> 공연 관람 중에 사진을 찍지 마십시오.

① 공연하려면 사진을 찍지 마십시오.

② 공연을 보고 사진을 찍지 마십시오.

③ 공연을 하니까 사진을 찍지 마십시오.

④ 공연을 보면서 사진을 찍지 마십시오.

7. 다음을 읽고 물음에 답하십시오.

> 저는 발음 때문에 실수한 적이 많이 있습니다. 한 달 전에는 대전에 가려고 버스표를 샀습니다. 저는 "대전 버스표 한 장 주세요." 말했습니다. 터미널 직원은 표를 주면서 오른쪽 버스를 가리켰습니다. 저는 그 버스를 탔습니다. 출발한 지 2시간 뒤에 바다를 보고 깜짝 놀랐습니다. 저는 '대전'이 아니라 '대천'으로 갔습니다. 다시 대전에 오면서 '발음 공부를 열심히 해야겠다.' 생각했습니다.

1 이 글의 중심 생각을 고르십시오.

① 저는 실수를 많이 합니다.

② 저는 발음 공부를 열심히 할 겁니다.

③ 터미널 직원이 버스표를 잘못 주었습니다.

④ 버스를 잘 타려면 직원의 말을 잘 들어야 합니다.

2 이 글의 내용과 <u>다른</u> 것을 고르십시오.

① 저는 버스를 잘못 탔습니다.

② 저는 대전에 가려고 했습니다.

③ 저는 발음 공부를 열심히 했습니다.

④ 바다를 보면서 제 실수를 알았습니다.

8. 다음을 읽고 내용과 같은 것을 고르십시오.

> 저는 얼마 전 회사의 환영회에 간 적이 있습니다. 환영회에서 회사 동료들과 같이 저녁을 먹으면서 술도 마셨습니다. 그리고 노래방에 갔습니다. 우리는 환영회를 하면서 친구가 되었습니다. 만난 지 얼마 안 되었지만 많은 이야기를 했습니다. 저는 정말 기분이 좋았기 때문에 늦게까지 같이 있었습니다.

① 환영회는 일찍 끝나지 않았습니다.

② 저는 노래를 하면서 술을 마셨습니다.

③ 회사 동료들을 안 지 오래 되었습니다.

④ 저는 친구들을 만났기 때문에 기분이 좋았습니다.

● **Writing**

9. 제시된 표현을 순서대로 모두 사용해 한 문장으로 쓰십시오.

1 그 사람을 안 보다 / 5년이 넘다 / 많이 보고 싶다

____.

2 이메일을 보내다 / 한 달이 지나다 / 답장을 받다

____.

10. 다음을 읽고 빈칸에 알맞은 말을 쓰십시오.

> 저는 음악을 아주 좋아합니다. 세계 여러 나라 음악을 자주 듣습니다. 음악을 (   ) 노랫말을 따라 부르면 마음이 편합니다. 저는 스트레스가 있으면 음악으로 스트레스를 풉니다. 음악은 항상 저의 좋은 친구입니다.

11. 여러분은 다른 나라에 가서 실수한 적이 있습니까? 어떤 실수였습니까? 왜 그 실수를 했습니까? 여러분의 실수 이야기를 쓰십시오.

Self-Assessment

Chapter 5 is finished. Did you understand everything? Check the questions below.

Question	Self-Assessment				
	No ------------ Yes				
1. Can you use '-(으)ㄴ 지' to tell a change in time?	1	2	3	4	5
2. Can you use '-(으)ㄴ 적이 있다/없다' to describe your experience?	1	2	3	4	5
3. Can you use '-(으)면서' to tell about doing 2 things at once?	1	2	3	4	5
4. Can you use '-기 때문에' to explain a reason?	1	2	3	4	5

Culture

All Korean grown men have to serve in the military. Normally, men join the military after graduating high school, but it can be postponed if they go to university. The military service time, as of 2011, currently is 21 months based on an army soldier in active service.

Because it isn't easy to leave and live away from home, joining the military is a stress for not only men, but to their families and friends. In particular, stories of mothers who cry upon receiving the parcel of clothes their son wore when joining the military are often heard. When a boyfriend goes to join the military, it brings big change to both the boyfriend and girlfriend. When a boyfriend receives his notice of enlistment, he prepares for a breakup or asks his girlfriend to wait, or the girlfriend makes a promise to wait. Taking delicious foods to a son or boyfriend in the military is a common scene in Korea, and men send their parents and friends handwritten letters more often.

Due to the fear that life in the military will be hard or due to reluctance to give up popularity, there have been celebrities and ordinary people who did not want to go into the military. However, now that it is viewed as more manly and cool to choose enlistment instead of popularity, young celebrities who have entered the military have become more popular. Also, through life in the military, both mind and body becomes stronger, and one gains the opportunity to find and develop one's abilities. Also, because it gives the spirit of being able to do anything, confidence, a sense of fulfillment and cooperation through working together, major companies prefer men who have been done their military service.

Though young men in their 20s may think of life in the military as being stopped for two years, it can actually be a chance to take a pause in one's life and look back, learn the mind of the soldier and prepare for a new leap.

"Dear military personnel who will return as better men! Keep up the spirit!"

I'm curious about your country. Do all men serve in the military?

사인을 받고 싶은데 같이 갈래요?

I'd like to get an autograph.
Do you want to go, too?

After learning chapter 6

> You will be able to use '–(으)ㄴ/는데' to compare and contrast an event's background.
> You will be able to use a verb or adjective to make a modified sentence or assumption.

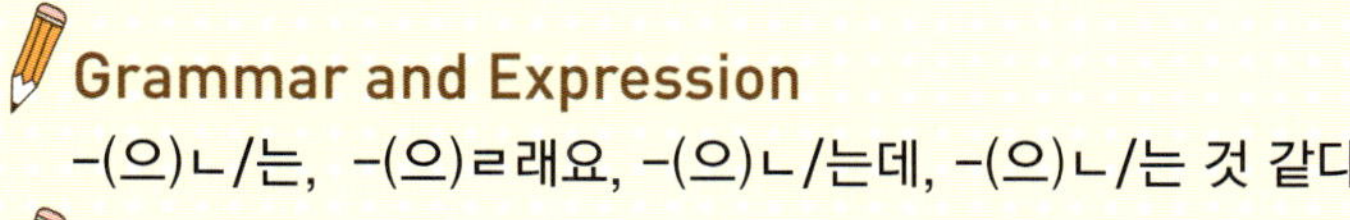

Grammar and Expression
–(으)ㄴ/는, –(으)ㄹ래요, –(으)ㄴ/는데, –(으)ㄴ/는 것 같다

Culture
팬덤문화 Fandom culture

Korean men must really like Girls Generation. Can Jacques get Seohyun's autograph?

팬미팅 현장에서–팬클럽 회장과(2)

자크	와~ 정말 많은 사람들이 왔네요.
진수	소녀시대가 가는 곳은 항상 빈자리가 없는 것 같아요.
자크	남자들이 많이 있는데, 거의 아저씨들인 것 같아요.
진수	맞아요. 그 사람들이 '삼촌 부대', '와이셔츠 부대'예요.
자크	하하! 재미있는 이름이네요. 앗! 태연이 나왔어요.
진수	저는 지금 노래를 부르는 태연이 정말 좋아요. 노래를 참 잘 하는 것 같아요.
자크	저는 서현을 좋아해요. 이따 팬미팅이 끝나고 사인을 받고 싶은데 같이 갈래요?
진수	좋아요. 저는 꼭 태연과 사진을 찍을래요.

At a fan meeting – With the fan club president (2)

Jacques	Wow, there are really a lot of people.
Jinsu	There are never any empty seats wherever Girls Generation goes.
Jacques	There are many men, but most of them look middle-aged.
Jinsu	You are right. Those people are the 'uncle troops' or 'dress shirt troops'.
Jacques	Haha! That's a funny name. Oh! Taeyeon has come out.
Jinsu	I really like Taeyeon, who is singing right now. She sings very well.
Jacques	I like Seohyun. I'd like to get an autograph after the fan meeting. Do you want to go, too?
Jinsu	I'd like that. I will take a picture with Taeyeon.

Words and Expressions

- [ ] **곳** place Ex. 우리가 주말에 자주 데이트 하러 가는 곳은 한강이에요.
- [ ] **항상** always Ex. 저는 항상 술을 마시기 전에 우유를 한 잔 꼭 먹어요.
- [ ] **빈자리** empty seat Ex. 시험 때라 도서관에 빈자리가 없어요.
- [ ] **거의** almost Ex. 이 동호회는 남자가 거의 없네요.
- [ ] **삼촌** uncle Ex. 우리 삼촌도 사진작가예요.
- [ ] **부대** troop / 'Troop' refers to an organized military group or a group gathered and acts together for a common goal. The 'uncle troop' here means male fans who like stars who are young enough to be a niece or nephew.
  Ex. 어느 부대에서 군대 생활했어요?
- [ ] **와이셔츠** dress shirt / 'Dress shirt troop' has a similar meaning to 'uncle troop' above. It is named so because most of the men in the 'uncle troop' are salary men who go to work wearing dress shirts.
  Ex. 이 와이셔츠에 어떤 넥타이가 어울려요?
- [ ] **하하** haha / laughter sound. Normally, it is used to express men's laughter. Ex. 하하, 정말 재미있네요.
- [ ] **이따(가)** later Ex. 이따(가) 친구 결혼식에 가야 해서 세미나에 못 갈 것 같아요.
- [ ] **같이** together Ex. 오늘 유명한 가수의 공연이 있는데 같이 갈래요?

Pronunciation  22

구개음화 Palatalization

When 'ㅣ' comes after final consonant 'ㄷ, ㅌ(ㄾ)', it is pronounced [ㅈ, ㅊ]. For example, in '밭은[바튼], 밭에[바테]', in front of a vowel, it is pronounced with the original pronunciation. However in front of vowel 'ㅣ', the final consonant 'ㅌ' is pronounced [ㅊ] instead, as in '밭이[바치]'.

How should this be pronounced? Please read the below.

❶ 같<u>이</u> 갈래요?

① 같이 → [가치]

❷ 1월 1일에 해<u>돋이</u>를 보러 가요.

② 해돋이 → [해도지]

Grammar

1 –(으)ㄴ/는 adnominal ending

Easy | Normal | **Hard**

Combined with the stem of a verb or adjective to modify the following noun to explain a noun's status or action. For verb stems except '르', combine with '–는', and for verb stems ending in '르', take out the '르' and then combine with '–는'. Also, if '–(으)ㄴ' is added after the verb, it is past tense and if '–는' is added, it is present. For adjectives, '–은' is added after adjective stems ending with consonants and '–ㄴ' for vowels. When a word ends with '있다/없다', '–는' is added.

1) Verb

Infinitive form	–는(Present)	–(으)ㄴ(Past)
가다	가다 + 는 → 가는	가다 + ㄴ → 간
먹다	먹다 + 는 → 먹는	먹다 + 은 → 먹는
공부하다	공부하다 + 는 → 공부하는	공부하다 + ㄴ → 공부한
*듣다	듣다 + 는 → 듣는	듣다 + 은 → 들은
*놀다	놀다 + 는 → 노는	놀다 + ㄴ → 논
*짓다	짓다 + 는 → 짓는	짓다 + 은 → 지은
*만들다	만들다 + 는 → 만드는	만들다 + ㄴ → 만든
*돕다	돕다 + 는 → 돕는	돕다 + ㄴ → 도운

2) Adjective

Infinitive form	–ㄴ	Infinitive form	–은	Infinitive form	–는
예쁘다	예쁘다 + ㄴ → 예쁜	높다	높다 + 은 → 높은	맛있다	맛있다 + 는 → 맛있는
친절하다	친절하다 + ㄴ → 친절한	넓다	넓다 + 은 → 넓은	재미없다	재미없다 + 는 → 재미없는

Ex. 정말 **많은** 사람들이 왔네요. There are really many people who came.

노래를 **부르는** 태연이 좋아요. I like Taeyeon, who is singing.

크고 **가벼운** 가방을 찾아요. I'm looking for a big, light bag.

맛있는 음식을 먹고 싶어요. I want to eat tasty food.

When two or more adjectives are used in succession, only the final adjective is conjugated to a noun modifier form.

Ex. 가방이 작아요. 그리고 예뻐요. 그 가방을 사고 싶어요.
The bag is small. And pretty. I want to buy the bag.
→ 작은 예쁜 가방을 사고 싶어요. (×)
　작고 예쁜 가방을 사고 싶어요. (○) I want to buy a small, pretty bag.

2 –(으)ㄹ래요 I'd like to V

Easy **Normal** Hard

Word ending form which expresses the subject's will or purpose, and often used in informal relationships. It is used to ask the other's thoughts when in a question. For verb stems ending in a consonant except 'ㄹ', '을래요' is added and when ending in a vowel or 'ㄹ', '–ㄹ래요' is added.

Infinitive form	–ㄹ래요	Infinitive form	–을래요
가다	가다 + ㄹ래요 → 갈래요	먹다	먹다 + 을래요 → 먹을래요
보다	보다 + ㄹ래요 → 볼래요	읽다	읽다 + 을래요 → 읽을래요
공부하다	공부하다 + ㄹ래요 → 공부할래요	*듣다	듣다 + 을래요 → 들을래요
*놀다	놀다 + ㄹ래요 → 놀래요	*짓다	짓다 + 을래요 → 지을래요
*만들다	만들다 + ㄹ래요 → 만들래요	*돕다	돕다 + 을래요 → 도울래요

Ex. 사진을 **찍을래요**. I would like to take a picture.

술을 마신 후에 노래방에 **갈래요**. I will drink and then go to a noraebang.

전 여기에 **앉을래요**. I will sit here.

뭐 **마실래요**? – 커피 **마실래요**. What would you like to drink? – I would like to drink coffee.

'–고 싶다' has a similar meaning, but '–고 싶다' is a simple wish not related to practical ability. '–(으)ㄹ래요' is used when it is to express something that is in detail and highly practical in the current situation.

3 –(으)ㄴ/는데 but [and]

Easy | **Normal** | Hard

Combined with a verb or adjective to explain the following phrase's background or situation through providing a fact of event which is related or in contrast to the content of what the speaker was saying. In present tense, use '–는데' for verbs or '있다/없다', '–은데' for adjective stems ending in a consonant, and '–ㄴ데' with a adjective stem ending in a vowel.

For past tense, for all verb, adjective, and '있다/없다', combine '–았–/–었–' to make form of '었는데'. For 'noun+이다', it is 'noun+인데' for present tense and 'noun+이었/였는데' for past tense.

1) Verb

Infinitive form	–는데	–았/었는데
가다	가다 + 는데 → 가는데	갔는데
보다	보다 + 는데 → 보는데	봤는데
먹다	먹다 + 는데 → 먹는데	먹었는데
읽다	읽다 + 는데 → 읽는데	읽었는데
공부하다	공부하다 + 는데 → 공부하는데	공부했는데
*놀다	놀다 + 는데 → 노는데	놀았는데
*듣다	듣다 + 는데 → 듣는데	들었는데
*짓다	짓다 + 는데 → 짓는데	지었는데
*돕다	돕다 + 는데 → 돕는데	도왔는데

2) Adjective

Infinitive form	–ㄴ데	Infinitive form	–ㄴ데	Infinitive form	–ㄴ데
크다	크다 + ㄴ데 → 큰데	이다	이다 + ㄴ데 → 인데	*길다	길다 + ㄴ데 → 긴데
깨끗하다	깨끗하다 + ㄴ데 → 깨끗한데	아니다	아니다 + ㄴ데 → 아닌데	*춥다	춥다 + ㄴ데 → 추운데

Infinitive form	–은데	Infinitive form	–는데
작다	작다 + 은데 → 작은데	맛있다	맛있다 + 는데 → 맛있는데
높다	높다 + 은데 → 높은데	재미없다	재미없다 + 는데 → 재미없는데

Ex. 사인을 받고 싶<u>은데</u> 같이 갈래요? I want to get an autograph, so do you want to come with me?

그 옷은 **예쁜데** 너무 비싸요. The clothes are pretty, but too expensive.

저는 일본인 친구가 **있는데** 그 친구는 한국말을 아주 잘 해요.

I have a Japanese friend, and my friend speaks Korean very well.

어제 영화를 **봤는데** 너무 슬펐어요. I watched a movie, which was very sad, yesterday.

'것인데' which is a combination of '것' and '-인데' is used in the form of '건데'.

Ex. 이 옷은 언니 <u>것인데</u> 저한테 잘 어울려요. = 이 옷은 언니 <u>건데</u> 저한테 잘 어울려요.
These clothes are my sister's but goes well with me.

지금 집에 <u>갈 것인데</u>, 같이 갈래요? = 지금 집에 <u>갈 건데</u> 같이 갈래요?
I will go home now. Would you join me?

4 -(으)ㄴ/는 것 같다 It seems to V

Easy | Normal | **Hard**

Shows assumption or hypothesis of the speaker. For verb stems except '르', add '-는 것 같다' and for verb stems ending in '르', omit the '르' and add '-는 것 같다'. Also, when '-(으)ㄴ 것 같다' is added after a verb it is past tense, and '-는 것 같다' is present. For adjectives, '-은 것 같다' is added after adjective stems ending with consonants and '-ㄴ 것 같다' for vowels. When word a ends with '있다/없다', '-는 것 같다' is added. Also, when after 'noun+이다', it is used as 'noun+인 것 같다'.

Ex. 빈자리가 <u>없는 것 같아요</u>. There seems to be no empty seats.

거의 <u>아저씨들인 것 같아요</u>. It seems to be mostly middle-aged men.

노래를 참 <u>잘하는 것 같아요</u>. She seems to sing very well.

날씨가 <u>더운 것 같아요</u>. The weather seems to be hot.

외국인 엑스트라를 모집합니다

안녕하세요?
HK엔터테인먼트에서 외국인 엑스트라를 찾고 있습니다.
외국인인데 한국말을 잘 하는 사람이면 좋겠습니다.

선발된 사람은 영화, 드라마, 시트콤에서 연기할 수 있습니다.
관심 있는 분은 자기소개서와 함께 사진을 보내 주세요.
많은 관심 부탁드립니다.

- 모집기간 : 5월 1일 – 5월 30일(한 달 동안)
- 인원 : 남 2, 여 2
- 조건
  - 남자 1 : 170–180cm, 마른 체격, 곱슬머리, 둥근 얼굴, 운동을 잘 하는 사람
  - 남자 2 : 175–180cm, 뚱뚱한 체격, 쌍꺼풀이 없는 눈, 피아노를 칠 수 있는 사람
  - 여자 1 : 155–170cm, 긴 금발 머리, 노래를 잘 하고 춤을 잘 추는 사람
  - 여자 2 : 155–170cm, 짧은 머리, 귀여운 외모, 보조개가 있는 사람

- 연락처: 070–987–6543, www.hkejjang.co.kr

New Words

엑스트라 extra	**시트콤** sitcom	**인원** number of people
모집하다 recruit	**관심** interest	**조건** condition
엔터테인먼트 entertainment	**자기소개서** self introduction	**연락처** contact number
선발되다 chosen	**기간** period	

다음 질문에 답하십시오.

1. 누구를 찾는 광고입니까?
2. 어떤 외국인이어야 합니까?
3. 관심 있는 사람은 무엇을 준비하면 합니까?
4. 선발된 사람은 무엇을 합니까?
5. 어떤 남자와 여자를 찾습니까?

Additional Vocabulary

옷 Clothes

옷(을) clothes	입다/벗다 wear/ take off	모자(를) hat	쓰다/벗다 wear/ take off	양말(을) socks 스타킹을 stockings 신발을 shoes	신다/벗다 wear/ take off	장갑(을) gloves 반지(를) ring	끼다/빼다 wear/ take off
넥타이(를) tie	매다/풀다 tie/ untie	시계(를) watch	차다/풀다 wear/ take off	액세서리(를) accessory	하다/빼다 wear/ take off		

패션 Fashion

코트 coat	재킷 jacket	티셔츠 t-shirt
바지 pants	치마 skirt	원피스 dress
양말 socks	스타킹 stockings	모자 hat
스웨터 sweater	한복 Hanbok	점퍼 jumper
와이셔츠 dress shirt	양복 suit	넥타이 tie
블라우스 blouse	청바지 jean	장갑 gloves
액세서리 accessory	목걸이 necklace	귀걸이 earrings
반지 ring	팔찌 bracelet	시계 watch
어울리다 suit well		

머리 Hair

미용실 hair salon	긴 머리 long hair	짧은 머리 short hair
곱슬머리 curly hair	파마머리 permed hair	염색하다 dye
파마하다 perm	(머리를) 감다 wash (hair)	(머리를) 자르다 cut (hair)
(머리를) 말리다 dry (hair)		

Test yourself

● **Vocabulary and Expressions**

1. 다음 그림을 보고 대화를 완성하십시오.

① A : 벌써 점심시간이네요.
　 B : 그러네요. 배가 ________________ 칼국수 먹을래요?
　　　　　　　　　　(고프다)

② A : 그 책 다 읽었어요?
　 B : 네, 내용은 ______________ 어려운 단어가 조금 많아요.
　　　　　　　　　(재미있다)

③ A : 밖에 비가 많이 ______________ 우산 있어요?
　　　　　　　　　　　(오다)
　 B : 네, 아침에 누나가 가방에 넣어 줬어요.

2. 다음 문장을 읽고 밑줄 친 것이 맞으면 O, 틀리면 X를 하고 맞게 고치십시오.

① 저는 재미있고 <u>친절하는</u> 선생님이 되고 싶어요. (　　　) →

② <u>얇은</u> 옷을 입고 있네요. 날씨가 많이 더운 것 같아요. (　　　) →

③ 진수 씨가 계속 전화를 안 받아요. 아마 <u>잔 것 같아요</u>. (　　　) →

④ 유미 씨는 빨간색 물건이 많아요. 빨간색을 <u>좋아하는 것 같아요</u>. (　　　) →

3. 다음 빈칸에 알맞은 말을 쓰십시오.

　제 여자 친구는 의상 디자이너가 꿈입니다. 그래서 가끔 제게 옷도 만들어 줍니다. 그런데 여자 친구가 1) ______________ 옷은 입을 수 없습니다. 왜냐하면 옷이 저에게 큽니다. 저는 2) ______________ 옷을 좋아하지 않습니다. 그리고 저는 검은색을 좋아하는데 여자 친구는 빨간색, 노란색, 파란색 등의 옷만 선물합니다. 여자 친구가 3) ______________ 옷을 입으면 사람들이 저만 보는 것 같아서 조금 부끄럽습니다. 그렇지만 저는 제 여자 친구를 정말 사랑합니다.

4. 다음 대화를 듣고 이어질 수 있는 말을 고르십시오. 🎧 23

① 아니요, 남자 이야기는 여자가 보면 안 돼요.

② 그럼요, 미진 씨가 제일 잘 아는 것 같은데요.

③ 우와, 미진 씨는 글 쓰는 소질이 있는 것 같아요.

④ 그럼요, 읽으면서 재미없는 부분은 이야기해 줄래요?

5. 다음을 듣고 대화 내용과 <u>다른</u> 것을 고르십시오. 🎧 24

① 지영 씨는 남자들한테 인기가 많습니다.

② 지영 씨는 전 남자 친구를 못 잊고 있습니다.

③ 지영 씨는 지금 새로운 남자 친구가 있습니다.

④ 지영 씨는 1년 전에 남자친구와 헤어졌습니다.

● **Reading**

6. 다음을 읽고 중심 생각을 고르십시오.

> 저는 라디오 듣는 것을 좋아합니다. 예전에는 라디오를 안 들었는데 요즘은 이 방송 때문에 열심히 듣고 있습니다. 제가 제일 좋아하는 프로그램은 낮 두시에 하는 음악방송입니다. 좋은 노래도 많이 나오고 재미있는 이야기도 들을 수 있기 때문입니다. 진행하는 DJ를 정말 좋아합니다. 점심을 먹은 후에 이 방송을 들으면 힘이 나는 것 같습니다.

① 저는 라디오를 하루 종일 듣습니다.

② 저는 라디오를 들으면서 밥을 먹습니다.

③ 저는 두 시에 라디오 듣는 것이 좋습니다.

④ 저는 라디오를 싫어하는데 들어야 합니다.

7. 다음을 읽고 물음에 답하십시오.

아이를 찾습니다.

＊이름: 김미나(여, 현재 11세)
＊잃어버린 날짜: 2009년 10월 08일
＊잃어버린 장소: 서울, L 놀이공원
＊아이가 입은 옷: 하얀색과 검은색 줄무늬 티셔츠, 청치마, 검은색 끈이 있는 구두
＊아이의 얼굴 특징: 둥근 얼굴, 쌍꺼풀과 보조개 있음, 왼쪽 코에 작은 점이 있음.
＊기타: 갈색의 짧은 단발머리, 빨간색 리본이 있는 검은색 머리띠, 분홍색 작은 가방
  을 메고 있음.

이 아이를 보면 꼭 연락 주십시오.

010-222-2222

1 이 글의 내용과 같은 것을 고르십시오.

① 열한 살의 여자 아이를 잃어버렸습니다.

② 찾고 있는 아이의 이름은 김미나입니다.

③ 서울의 L 놀이공원에서 아이를 찾았습니다.

④ 아이가 엄마를 잃어버린 것 같아서 연락했습니다.

2 잃어버린 아이의 사진을 고르십시오.

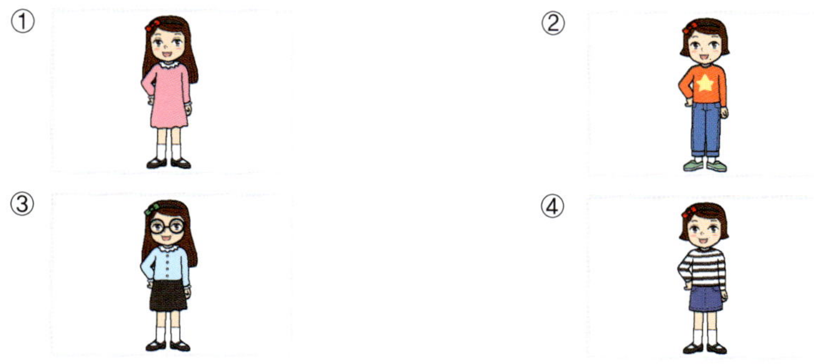

① ② ③ ④

8. 제시된 표현을 순서대로 모두 사용해 한 문장으로 쓰십시오.

1 전화가 오다 / 아버지이다 / 안 받다

____ .

2 일요일이다 / 여름 휴가철이다 / 극장에 사람이 없다

____ .

9. 여러분은 이상형이 있습니까? 어떤 여자/남자를 좋아합니까? 이유가 무엇입니까? 여러분의 이상형에 대해서 쓰십시오.

Self-Assessment

Chapter 6 is finished. Did you understand everything? Check the questions below.

Question	Self-Assessment
	No ----------- Yes
1. Can you use '-(으)ㄴ/는' to change a verb or adjective as a modifier?	1 2 3 4 5
2. Can you use '-(으)ㄴ/는 것 같다' to express assumption?	1 2 3 4 5
3. Can you use '-(으)ㄴ/는데' to form expressions of comparison, contrast, background explanation, and reason?	1 2 3 4 5
4. Do you know words related to family and use they correctly?	1 2 3 4 5

Culture

Fandom is a notion that defines people who are overly enthusiastic about a specific public figure or specific genre or media. A common term often used is '오빠(누나) 부대'. Other expressions include 'wanna be' and 'groupie'. As a phenomenon that appeared along with television and mass culture, the term 'fandom culture' has been coined as fandom has made a cultural impact.

In Korea, fandom culture started to form in the 1980s since Jo Yong-Pil's mass 'Oppa troop(오빠부대)' creation. When Seo Taeji and boys followed, the 1990s fandom culture was born. Fans of Seo Taeji not only liked the singer and his songs, but made a petition to abolish censorship of albums as the lyrics of Seo Taeji's song 〈시대유감〉 were all deleted. This led to the abolishment of that policy.

Since 2000, the love for celebrities has become more active and bold. The fan culture, which meshed with the new generation's emphasis on individual personality and expression, has developed an organized structure. Fan clubs for H.O.T., Sechskies, Shinwha, S.E.S., and Finkle chose a color for their singer's balloon color and supported the singers at concerts with the balloons. They also wait in places like TV stations and rehearsal rooms for long hours to see the stars they like and deliver various presents. The recent charge in fan culture is the opperance of 'uncle troop' and 'aunt troop'. In fan clubs which seemed to belong to teenage girls who were called 'oppa troop'. People in 30s and 40s have become the center and show;s love for celebrities.

Currently there are many celebrities and many fans who love them. Many celebrities need their fans' love to be active. One hopes that the negative aspects and excessive affection are reduced and a healthy fandom culture is developed.

제가 지금까지 가 본 곳 중에서 가장 아름다워요

This is the most beautiful place I have ever been.

After learning chapter 7

> You will be able to express comparison and superlative.
> Make a promise.

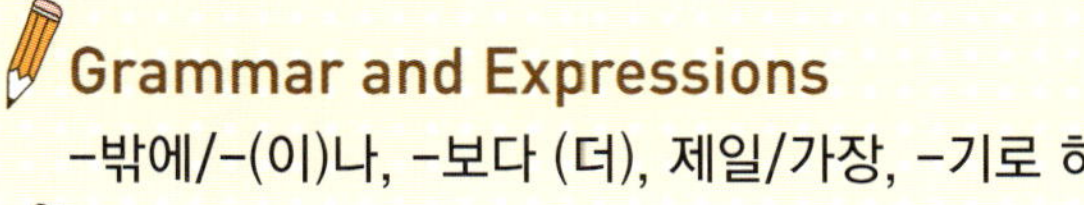

Grammar and Expressions
–밖에/–(이)나, –보다 (더), 제일/가장, –기로 하다

Culture
서울시티투어 Seoul City Tour

Dialogue  25

Jacques and Yumi have met and gone to Changgyeong Palace. How is Changgyeong Palace?

자크	혹시, 유미 씨예요? 제가 자크예요. 늦어서 미안해요. 길이 막혀서 한 시간이나 걸렸어요.
유미	아니에요. 저도 온 지 5분밖에 안 됐어요. 만나서 정말 반가워요.
자크	네, 저도 유미 씨 많이 보고 싶었어요. (잠시 후) 와~ 여기는 제가 지금까지 가 본 곳 중에서 가장 아름다워요.
유미	그렇지요? 비원은 제가 제일 좋아하는 장소예요. 산책로가 특히 마음에 들어요.
자크	오기 전에 사진을 봤는데 사진보다 더 크고 아름답네요.
유미	여기에 있으면 제가 공주가 된 것 같아요. 참! 자크 씨, 다음 주말에 우리 집에 놀러 올래요?
자크	미안한데, 다음 주말에는 템플스테이를 가기로 했어요.
유미	그럼 템플스테이를 다녀온 후에 다시 이야기하기로 해요.

In Changgyeong Palace – With Yumi

Jacques	Are you perhaps Yumi? I am Jacques. I'm sorry I'm late. It took more than an hour because there was a traffic jam on the way.
Yumi	It's ok. I've been here only five minutes. Nice to meet you really.
Jacques	Yes, I've been really looking forward to seeing you. (after a while) Wow, this is the most beautiful place I have ever been.
Yumi	Right? Biwon is my favorite place. I especially like the trail.
Jacques	I saw it in a picture before I came, but it is bigger and more beautiful.
Yumi	I feel like a princess when I'm here. Oh! Jacques, do you want to come over to my house next weekend?
Jacques	I'm sorry. but I decided to do a temple stay next weekend.
Yumi	Then, let's talk about it again after you come back from the temple stay.

- ☐ **길**　way　**Ex.** 이 길은 출근 시간에 항상 막혀요.
- ☐ **들어가다**　go in　**Ex.** 보통 집에 몇 시에 들어가요?
- ☐ **가장**　most　**Ex.** 동생이 우리 집에서 가장 키가 커요.
- ☐ **비원**　Biwon (secret garden)　**Ex.** '비원' 이름의 뜻을 알아요?
- ☐ **산책로**　trail　**Ex.** 이 산의 산책로는 좀 좁으니까 조심하세요.
- ☐ **공주**　princess　**Ex.** 드라마에서 본 공주의 옷이 참 예뻤어요.
- ☐ **되다**　become　**Ex.** 저는 꼭 외교관이 되고 싶어요.
- ☐ **놀다**　play　**Ex.** 어제 민수 씨 집에 놀러 갔어요.
- ☐ **템플스테이**　temple stay / refer to chapter 11 culture　**Ex.** 템플스테이 체험을 해 봤어요?

Pronunciation  26

비음화 Nasalization

When '르' comes after final consonant 'ㄱ, ㅂ', the '르' becomes [ㄴ], and because of the changed [ㄴ], 'ㄱ, ㅂ' are all pronounced [ㄴ, ㅁ, ㅇ]. For example, '음력' is pronounced [음녁], and '종로' as [종노].

How should these be pronounced? Please read the below.

❶ 산책로가 특히 마음에 들어요.　① 산책로 → [산챙노]

❷ 국립공원은 입장료가 싸요.　② 국립공원 → [궁닙공원]

1 –밖에/–(이)나 only / as much as

Easy | Normal | **Hard**

'–밖에' shows that there is no other option or possibility. Usually it is used in the negative statement in form of '–밖에 없다' and '–밖에 안/못'.

Also when '–밖에' or '–(이)나' is combined with '몇' or a dependent noun which expresses number or measure, '–밖에' is used to express that it is below expectations or falls short of expectations and '–(이)나' is used to express that something is done or has acted above expectations.

Ex. 길이 막혀서 한 시간**이나** 걸렸어요. It took more than an hour due to a traffic jam.

저도 온 지 5분**밖에** 안 됐어요. I have been here for only 5 minutes.

냉장고에 물**밖에** 없어요. There's nothing but water in the refrigerator.

제주도에 10번**이나** 가 봤어요? – 아니요, 10번**밖에** 못 가 봤어요.

You went to Jeju Island 10 times? - I've been there only 10 times.

Note

1. '–밖에' is always followed by a negative form, it cannot be followed by '아니다', nor can it be followed by imperative or propositive forms.

   Ex. 밥을 조금밖에 먹으세요. (×) → 밥을 조금만 먹으세요. (○)
   Don't eat too much.

   10분밖에 기다립시다/기다릴까요? (×) → 10분만 기다립시다/기다릴까요? (○)
   Let's wait for just ten minutes. / Shall we wait at least ten minutes?

2. '–(이)나' is also used when one has chosen an option out of many other options, but is not the best choice (or a choice not so bad, as second best choice).

3. Depending on each person's perspective, one can feel that the thing is less or more than what was expected about the same amount. In this situation, '밖에' and '(이)나' can be used respectively.

   Ex. 물이 반밖에 없어요. / 물이 반이나 있어요.
   The water is filled no more than half. / The water is filled no less than half.

   방학이 일주일밖에 안 남았어요. / 방학이 일주일이나 남았어요.
   There is only a week left of the vacation. / As much as a week is left of the vacation.

2 –보다 (더) more than

Easy | Normal | **Hard**

'보다' used when comparing 2 nouns, showing that the noun it is added behind is in comparison. It can be used with '더' which means 'more'. '더' may be omitted.

Ex. 사진**보다** 더 크고 아름답네요. It is bigger and more beautiful than the picture.

이 모자**보다** 더 큰 거 없어요? Do you have a bigger hat than this?

기차가 버스**보다** 빨라요. The train is faster than the bus.

친구보다 제가 더 커요. I'm taller than my friend.

3 제일/가장 most

Easy | Normal | **Hard**

Use '제일/가장' in front of an adjective, adverb, or noun to show the superlative form. Mostly used in forms of '–중에서/에서 제일/가장'.

Ex. 제가 지금까지 가 본 곳 중에서 **가장** 아름다워요. It is the beautiful place I have ever been to.

여기는 제가 **제일** 좋아하는 장소예요. This is my most favorite place.

불고기는 내가 **가장** 좋아하는 한국 음식이에요. Bulgogi is my favorite Korean food.

저는 빨간색을 **제일** 좋아해요. I like red best among colors.

4 –기로 하다 decide to

Easy | Normal | **Hard**

Comes after a verb and when in past tense, it shows the speaker's decision or promise, and when in present tense, it means suggestion. '–기로 결심하다, 결정하다, 약속하다' can be used instead of '–기로 하다'.

Ex. 템플스테이를 **가기로 했어요**. I have decided to do a temple stay.

월요일에 **만나기로 해요**. Let's meet on Monday.

새해에는 담배를 **끊기로 했어요**. I've decided to quit smoking in the New Year.

그 이야기는 저녁에 다시 **하기로 해요**. Let's talk about this later in the evening.

'–기로 하다' cannot be used with '–았/었/했–'.

Ex. 가족과 함께 여행을 <u>갔기로 했어요</u>. (X) I promised to went traveling with my family. (X)

가족과 함께 여행을 <u>가기로 했어요</u>. (O) I promised to go traveling with my family. (O)

머드의 세계로 초대합니다

한국의 많은 축제 중에서 제일 유명한 축제 중 하나는 '보령 머드축제'입니다. 머드축제에 가면 해수욕 및 머드체험을 같이 할 수 있습니다. 축제 기간 동안에는 머드아가씨 선발대회, 대형머드탕, 머드마사지, 머드씨름대회, 머드슬라이딩, 연예인 축하공연 등 다양한 프로그램이 있습니다. 이 축제는 외국인들에게도 인기가 많아서 여름에 대천해수욕장에 가면 외국인들을 많이 볼 수 있습니다.

이번 여름에는 한국의 머드축제에 가기로 해요. 아마 후회하지 않을 겁니다.

- 기 간 : 7. 14(금)~7. 24(월)(11일간)
- 장 소 : 대천해수욕장
- 주 제 : 세계인과 함께 하는 즐겁고 신나는 머드체험!
- 참 조 : http://www.mudfestival.or.kr/

New Words

머드 mud	대형머드탕 big mud bath	축하공연 celebration performance
축제 festival	마사지 massage	프로그램 program
해수욕 sea bathing	씨름대회 Korean wrestling contest	대천해수욕장 Daecheon Beach
동시 at the same time		후회하다 regret
아가씨 miss	슬라이딩 sliding	주제 theme
선발대회 contest	연예인 celebrity	참조 refer

다음 질문에 답하십시오.

1 이 글의 내용과 같으면 O, 다르면 X 하십시오.

1) 보령 머드축제에 한국인은 갈 수 없습니다.　　　　(　　)

2) 보령 머드축제의 프로그램이 별로 없습니다.　　　　(　　)

3) 보령 머드축제는 외국인들에게 인기가 많습니다.　　(　　)

4) 보령 머드축제에 가면 머드 마사지를 할수 있습니다. (　　)

2 다음은 앞글을 요약한 것입니다. 빈칸에 알맞은 말을 쓰십시오.

> '보령 머드축제'는 7월 (   )부터 (   )까지 11일간 (   )에서 열립니다. 축제 기간 동안 (   ) 프로그램이 있어서 많은 경험을 해 볼 수 있습니다. 이 축제는 (   )에게 인기가 아주 많고 유명한 축제입니다.

Additional Vocabulary

생일 Birthday

생일파티 birthday party	잔치 party	백일 100th day
돌 first birthday	환갑 sixty years old	칠순 seventy years old

축제/명절 Festival / Holdiay

설 Lunar New Year	세배 New Year's bow	세뱃돈 New Year's cash gift
떡국 rice cake soup	덕담 words of blessing	
설을 쇠다 spend Lunar New Year		추석 Chuseok
성묘 paying respects to ancestor's grave		송편 Songpyeon
단오 Dano	대보름 Daeboreum	연휴 holidays
차례 ancestral rites	차례상 ancestral rite table	크리스마스 Christmas
결혼식 wedding	공휴일 national holiday	

민속놀이 Traditional play

윷놀이 game of yut	연날리기 flying a kite	제기차기 Jegichagi
널뛰기 Korean see-saw	팽이치기 top spinning game	구슬치기 marbles
딱지놀이 game of slap-match	그네타기 swing	

● Vocabulary and Expressions

1. 다음 그림을 보고 문장을 완성하십시오.

> 보기 많다 – 적다　　　　크다 – 작다　　　　길다 – 짧다　　　　멀다 – 가깝다

보기 　남자가 여자보다 더 <u>많아요</u>.

1　빨간색 가방이 검은색 가방보다 더

_______________________.

2　수진 씨 머리카락이 더

_______________________.

3　역이 제일 _______________________.

2. 다음 그림을 보고 '–밖에/(이)나'를 사용하여 대화를 완성하십시오.

1
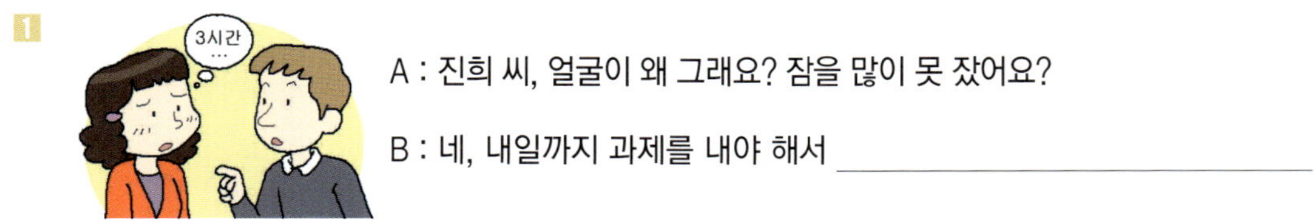

A : 진희 씨, 얼굴이 왜 그래요? 잠을 많이 못 잤어요?

B : 네, 내일까지 과제를 내야 해서 _______________________.

2
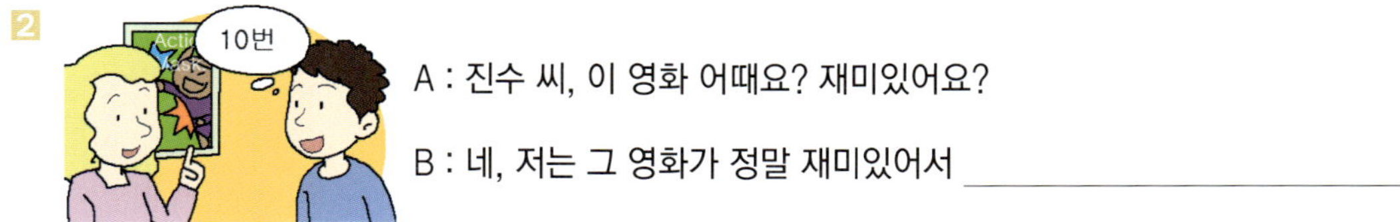

A : 진수 씨, 이 영화 어때요? 재미있어요?

B : 네, 저는 그 영화가 정말 재미있어서 _______________________.

3. 다음 표를 보고 아래 대화를 완성하십시오.

9일 (월)	10일 (화)	11일 (수)	12일 (목)	13일 (금)	14일 (토)	15일 (일)
오늘	오후 3시 마리 한국어 공부 (도서관)		저녁 6시 안나 영화 (서울 극장)	저녁 7시 동호회 저녁 8시 (술집)	오후 2시 친구들 농구 (농구장)	아침 9시 하숙집 친구들 등산

보기   A : 내일 오후 3시에 시간 있어요?

       B : 미안해요. 오후 3시에 마리 씨하고 도서관에서 한국어 공부를 하기로 했어요.

1 A : 그럼 목요일 저녁에 만날까요?

    B : 미안해요. 목요일 저녁에는 ___________________________________.

2 A : 금요일 저녁에는 만날 수 있어요?

    B : 미안해요. 금요일 저녁에는 7시에 동호회 모임이 있어요.

      저녁 8시에 ___________________________________.

3 A : 그럼, 토요일에 봅시다.

    B : 미안해요. 토요일 오후 2시에 ___________________________.

4 A : 일요일은 어때요? 시간이 있지요?

    B : 정말 미안해요. ___________________________________.

    A : 할 수 없지요. 일요일 몇시에 볼까요?

● Listening

4. 다음을 듣고 대화의 내용과 같은 것을 고르십시오. 🔘 27

   ① 여자는 다음 주 화요일에만 시간이 없습니다.

   ② 남자는 너무 바빠서 여자를 만날 수 없습니다.

   ③ 여자는 이번 토요일에 친구 결혼식에 갈 겁니다.

   ④ 남자는 일요일에 여자와 놀이 공원에 가기로 했습니다.

5. 다음을 듣고 대화의 내용과 같은 것을 고르십시오. 28

① 여자는 남자와 돌잔치에 안 가기로 했습니다.

② 남자는 먼저 와서 여자를 기다리고 있습니다.

③ 남자는 여자에게 문자메시지를 보내기로 했습니다.

④ 여자는 돌잔치 시작 시간을 정확히 알고 있었습니다.

● Reading

6. 다음을 읽고 내용과 같은 것을 고르십시오.

> 3전시실에서는 전통 악기를 구경했습니다. 그리고 전통 악기 연주를 들어 봤습니다. 그 중에서 대금 소리가 제일 마음에 들었습니다. 집에 오면서 계속 대금 소리밖에 생각이 나지 않았습니다. 저도 대금을 한번 배워 보고 싶었습니다.

① 전통 악기 연주를 배워 봤습니다.

② 3전시실은 전통 악기 전시실입니다.

③ 전통 악기를 배우기로 하고 등록했습니다.

④ 전통 악기 중에서 대금만 보고 들었습니다.

7. 다음을 읽고 내용과 <u>다른</u> 것을 고르십시오.

> 한국에는 전통놀이가 참 많습니다. 연날리기, 팽이치기, 제기차기 등이 있습니다. 저는 그 중에서 윷놀이를 제일 좋아합니다. 윷놀이는 윷판과 네 개의 윷가락만 있으면 됩니다. 남자, 여자, 어른, 아이 모두 할수 있습니다. 지금은 놀이의 역할만 있지만 옛날에는 윷놀이를 하면 '농사가 잘 된다'라고 생각했습니다. 저는 친구들과 윷놀이를 하면 참 즐겁습니다.

① 윷놀이는 성별, 나이가 중요합니다.

② 한국에는 전통놀이의 종류가 많습니다.

③ 윷놀이는 친구들과 함께 하는 놀이입니다.

④ 옛날에는 윷놀이를 하면서 농사의 풍년을 빌었습니다.

8. 다음을 읽고 물음에 답하십시오.

> 저는 평소 로봇에 대한 관심이 많았습니다. (㉠) 그래서 지난주에 친구와 함께 로봇 박물관에 갔다 왔습니다.
>
> 1층에서는 로봇의 탄생부터 지금까지 로봇의 역사와 로봇 이야기 등을 볼 수 있었습니다. (㉡) 이 박물관에는 세계 40여 개국의 로봇이 모두 있었습니다. (㉢) 2층에서는 로봇의 종류, 로봇과 광고, 로봇 만화 등을 봤습니다. (㉣) 그리고 첨단 로봇을 직접 체험해 볼 수 있어서 정말 신기하고 재미있었습니다. 저는 로봇들 중에서 애완용 로봇이 가장 마음에 들었습니다. 진짜 강아지보다 더 사람을 잘 따릅니다.
>
> 친구와 같이 집에 오면서 로봇에 대해서 많이 이야기했습니다. 로봇이 있어서 우리 생활이 더 편리하고, 좋습니다. 저도 열심히 공부해서 로봇 과학자가 되기로 결심했습니다.

1 다음 문장이 들어갈 곳을 고르십시오.

> 세계의 로봇은 모양도 다르고 크기도 달랐습니다.

① ㉠　　　　　② ㉡　　　　　③ ㉢　　　　　④ ㉣

2 이 글의 내용과 같은 것을 고르십시오.

① 로봇이 있어서 우리 사회가 더 안 좋습니다.

② 로봇 중에서 애완용 로봇이 제일 신기했습니다.

③ 이 사람은 평소에 로봇에 대해서 알고 싶지 않습니다.

④ 로봇 박물관에 가면 로봇을 직접 체험할 수 있습니다.

9. 다음 그림을 보고 '코끼리'와 '쥐'를 비교하는 글을 쓰십시오.

보기 코끼리는 큰데 쥐는 작습니다. / 코끼리가 쥐보다 큽니다.

10. 다음 그림을 보고 '비행기'와 '기차', '자전거'를 비교하는 글을 쓰십시오.

보기 비행기, 기차, 자전거 중에서 자전거가 제일 느립니다.

11. 여러분은 형제가 있습니까? 그 형제는 나보다 키가 큽니까? 작습니까? 그리고 무엇을 더 잘 합니까? 나와 어떻게 다릅니까? 나의 형제를 나와 비교하여 소개하는 글을 쓰십시오.

Self-Assessment

Chapter 7 is finished. Did you understand everything? Check the questions below.

Question	Self-Assessment				
	No ------------ Yes				
1. Can you use '-기로 하다' to properly express your decision, promise or suggestion?	1	2	3	4	5
2. Can you use '-보다 (더)', '제일/가장' to say or express a comparison?	1	2	3	4	5
3. Can you use '-밖에/-(이)나' to express a personal idea about a fact?	1	2	3	4	5
4. Do you know many expressions related to birthday, festival, and holidays?	1	2	3	4	5

Culture

서울 시티투어 Seoul City Tour

The Seoul City Tour is for international tourists visiting Seoul for the first time, domestic tourists from other regions, and students on work-study programs. One can see all of the palaces at the four gates, including Gyeongbokgung, Changdeokgung, Changgyeonggung, Gyeongheegung, and Unhyeongung; tour sites such as Seoul tower, the Blue House, Namsangol Hanok Village, Insadong, and Daehangno; and famous shopping places such as Namdaemun, Dongdaemun, and Myeongdong.

For the city tour bus, which travels in a cycle starting from Gwanghwamun, you can buy a one-day pass, take the bus and get off at a station you want to tour and get on the next bus to continue your travel.

The City Tour Bus provides an introduction to and information about each of the tour sites it passes with voice information systems in many languages (Korean, English, Japanese, and Chinese), and you can ride comfortably with its spacious seats. Not only is it cheap, but with the City Tour ticket, you can receive discounts or enter free at museums, galleries, and concert halls.

The Seoul City Tour has 4 different routes. A route going to 26 sites with 30 minute intervals between circulations of single-deck buses, a route which goes to 9 places in total at night, an old palace route where the double-decker buses pass Seoul's Chunggye Stream, beautiful old palaces, and Insadong where the past and present coexist. You can book online, or if you were unable to, you can get on if there are empty seats.

There are many city tours throughout Korea, not only in Seoul. In Damyang, Daegu, Daejeon, Mokpo, Pusan, Puyeo, Suncheon, Yeosu, Incheon, and almost anywhere in Korea, you can travel by city tour bus.

Is it your first time in Korea? You don't know where to go?

Don't worry. There are city tours in Korea.

Seoul City Tour (http://www.seoulcitybus.com/)

Korea National Tourism Organization, City Tour (http://Korean.visitkorea.or.kr)

대학교 구경을 가거나 인사동에 갈까 해요
I'm thinking of going to see the university or going to Insadong.

After learning chapter 8

> You will be able to speak of an uncertain plan.
> You will be able to tell another of your suggestion.

Grammar and Expressions
–거나, –고 나서, –는 게 어때요?, –(으)ㄹ까 하다

Culture
한국에서 아플 경우 When sick in Korea

 29

Jacques meets Alexander again at the dinging room of the guesthouse and is talking with him. Where did they both decide to go?

게스트 하우스에서 – 알렉산더와

알렉산더 자크 씨, 소녀시대 팬미팅은 잘 갔다 왔어요?

자크 네, 거기에 다녀오고 나서 매일 꿈을 꿔요. 어제는 태연과 한국말로 이야기를 많이 했어요.

알렉산더 하하! 좋아하는 사람이 꿈에 나와서 좋겠어요. 오늘은 뭐 해요?

자크 대학교 구경을 가거나 인사동에 갈까 해요.

알렉산더 잘 됐네요. 저도 인사동에 가려고 했는데, 같이 가는 게 어때요?

자크 좋아요. 그럼 인사동을 구경하고 나서 같이 밥을 먹거나 차를 마실까요?

알렉산더 그럽시다. 저는 3시쯤 갈까 하는데 시간 괜찮아요?

자크 네, 좀 이따 만나요.

In the guest house – With Alexander

Alexander Jacques, did you go to the Girls Generation fan meeting well?

Jacques Yes, I have been having dreams ever since. Yesterday, I dreamed of talking to Taeyeon a lot in Korean.

Alexander Haha! It must be good to see someone you like in your dream. What are you doing today?

Jacques I'm thinking of going to see the university or going to Insadong.

Alexander That's great! I'm thinking of going to Insadong too. How about going together?

Jacques I'd like that. Then shall we eat or drink tea after seeing Insadong?

Alexander Ok. I'm thinking of going around three, is that ok?

Jacques Yes, see you later.

Words and Expressions

- [ ] **다녀오다**   go and return `Ex.` 잘 다녀오세요.
- [ ] **꾸다**   dream `Ex.` 매일 좋아하는 사람으 꿈을 꾸면 좋겠어요.
- [ ] **구경**   watch `Ex.` 시내 구경이 참 재미있어요.
- [ ] **마시다**   drink `Ex.` 아까 커피를 너무 많이 마셔서 잠이 잘 안 와요.
- [ ] **좀**   a little / the abbreviation of '조금' `Ex.` TV 소리를 좀 작게 해 주세요. 너무 시끄러워요.

Pronunciation  30

자음동화 4 Consonant Assimilation 4

For words which have the last consonant sound 'ㅂ', 'ㄷ' or 'ㄱ' the pronunciation changes to 'ㅁ', 'ㄴ', or 'ㅇ' in front of words starting with 'ㅁ, ㄴ'. Let's practice the final consonant 'ㄱ' in this chapter.

How should this be pronounced? Please read the below.

❶ 어제는 <u>한국말</u>로 이야기를 많이 했어요.

❷ 한국 <u>국민</u>들은 축구를 좋아해요.

① 한국말 → [한궁말]
② 국민 → [궁민]

1 –거나 *or*

Combined with a verb or adjective to express choosing one between 2 or more options. '–거나' can be added to a verb or adjective stem. When using the '–거나 – 거나' form, you must use words that are opposite to each other.

Ex. 대학교 구경을 **가거나** 인사동에 갈까 해요.

I'm thinking of going to see the university or going to Insadong.

저는 저녁 식사를 한 후에 보통 책을 **읽거나** 텔레비전을 봐요.

I normally read a book or watch television after dinner.

월급이 **많거나 적거나**는 저에게 별로 중요하지 않아요.

Whether the salary pays well or not does not matter to me very much.

방이 너무 **덥거나** 추우면 이야기하세요. Let me know if the room is too hot or cold.

2 –고 나서 *after -ing*

Added behind a verb to express doing another action or that another event has occurred after an action has been done. You can add '–고 나서' to the verb stem. It has the same meaning as '–(으)ㄴ 후에' or '–(으)ㄴ 다음에' which you have learned earlier.

Infinitive form	–고 나서
가다	가다 + 고 나서 → 가고 나서
먹다	먹다 + 고 나서 → 먹고 나서
운동하다	공부하다 + 고 나서 → 공부하고 나서
듣다	듣다 + 고 나서 → 듣고 나서
놀다	놀다 + 고 나서 → 놀고 나서
돕다	돕다 + 고 나서 → 돕고 나서

Ex. 거기에 **다녀오고 나서** 매일 소녀시대 꿈을 꿔요.

Since going there, I dream of Girls Generation every day.

한국에 **오고 나서** 음식이 맛있어서 살이 쪘어요.

Since coming to Korea, I've gained weight because the food is delicious.

어제 삼겹살을 **먹고 나서** 냉면도 먹었어요. Yesterday, I had cold noodles after eating pork belly.

이 옷을 다 **만들고 나서** 언니 것도 만들어 줄게요.

After I finish making these clothes, I will make yours.

3 –는 게 어때요? How about-

Added to a verb to ask another's opinion or suggest something to another. Add '–는 게 어때요?' to the verbs stem. For verbs ending in '2', omit '2' and add '–는 게 어때요?'.

Infinitive form	–는 게 어때요?
가다	가다 + 는 게 어때요? → 가는 게 어때요?
먹다	먹다 + 는 게 어때요? → 먹는 게 어때요?
운동하다	운동하다 + 는 게 어때요? → 운동하는 게 어때요?
듣다	듣다 + 는 게 어때요? → 듣는 게 어때요?
*살다	살다 + 는 게 어때요? → 사는 게 어때요?
돕다	돕다 + 는 게 어때요? → 돕는 게 어때요?

Ex. 인사동에 같이 **가는 게 어때요**? How about going to Insadong?

남자 친구 생일에 케이크를 직접 **만드는 게 어때요**?

How about making a birthday cake yourself for your boyfriend's birthday?

날씨도 좋은데 좀 **걷는 게 어때요**? How about taking a walk, since the weather's so good?

배가 많이 아프면 소화제를 **먹는 게 어때요**? How about eating some digestive medicine if you feel sick?

4 –(으)ㄹ까 하다 be thinking of -

Added to a verb to express the speaker's plan is not yet set but is in consideration. For verb stems ending with a vowel or 'ㄹ', add '–ㄹ까 하다', and for consonants except 'ㄹ', add '–을까 하다'.

Infinitive form	–ㄹ까 하다	Infinitive form	–을까 하다
가다	가다 + ㄹ까 하다 → 갈까 하다	먹다	먹다 + 을까 하다 — 먹을까 하다
보다	보다 + ㄹ까 하다 → 볼까 하다	읽다	읽다 + 을까 하다 — 읽을까 하다
여행하다	여행하다 + ㄹ까 하다 → 여행할까 하다	*듣다	듣다 + 을까 하다 — 들을까 하다
*놀다	놀다 + ㄹ까 하다 → 놀까 하다	*짓다	짓다 + 을까 하다 — 지을까 하다
*만들다	살다 + ㄹ까 하다 → 살까 하다	*돕다	돕다 + 을까 하다 — 도울까 하다

Ex. 저는 3시쯤 **갈까 하는데** 괜찮아요? I'm thinking of going at three. Is that ok?

점심시간에 이 일을 다 **끝낼까 해요**. I'm thinking of finishing all of this at lunch time.

소화가 안 돼서 좀 **걸을까 해요**. I'm thinking of taking a walk since I'm not digesting well.

지금은 배가 많이 안 고파서 저녁을 조금만 **먹을까 해요**.

I'm not that hungry, so I'm thinking of eating just a little for dinner.

Reading

상담게시판

제목 : 몸이 가려워요.

저는 외국인입니다. 한국에 온 지 한 달쯤 되었습니다.
한국에 오고 나서 자꾸 몸이 가렵습니다. 처음에는 가끔 그랬는데 요즘에는 자주 가려워서 힘듭니다. 샤워를 해 봤는데 더 가렵습니다. 제가 가지고 있는 약을 먹을까 하는데 괜찮을까요? 왜 가려울까요?

└ 답글
안녕하세요? 피부과 전문의 김태진입니다.
가려운 증상만 있어요? 열이 나거나 피부가 빨갛지 않았어요?
한국에 오고 나서 갑자기 가려운 것은 물이나 공기 등 갑자기 환경이 바뀌어서 그런 것 같습니다. 너무 자주 샤워를 하지 마시고 샤워하고 나서 로션을 충분히 발라 보세요.
약은 먹지 말고 많이 가려우면 병원에 가서 의사 선생님을 만나는 게 좋겠습니다.
빨리 병원에 가 보는 게 어때요?

New Words

피부과 dermatology	**전문의** specialist	**갑자기** suddenly
몸 body	**증상** symptom	**환경** environment
가렵다 itch	**열나다** heat	**로션** lotion
자꾸 repeatedly	**피부** skin	**충분히** enough
참다 hold back	**빨갛다** red	**바르다** put on
샤워 shower	**물** water	
답글 reply	**공기** air	

다음 질문에 답하십시오.

1 이 외국인은 왜 이 글을 썼습니까?

2 이 외국인은 앞으로 어떻게 할까 합니까?

3 이 외국인은 언제부터 가려웠습니까?

4 의사의 생각에는 이 외국인이 왜 가려운 것 같습니까?

5 이 외국인은 어떻게 해야 합니까?

Additional Vocabulary

신체 Body

머리 hair	이마 forehead	눈 eye
코 nose	입 mouth	이 tooth
귀 ear	목 neck	뺨 cheek
입술 lip	눈썹 eyebrow	손 hand
발 foot	팔 arm	다리 leg
배 stomach	허리 lips	등 eyebrow
손목 hand	발목 foot	무릎 arm
손가락 finger	발가락 toe	가슴 chest
엉덩이 hip	얼굴 face	

증상, 증세 Symttom

기침이 나다 coughing	재채기를 하다 sneezing
콧물이 나다 nose running	열이 나다 have a fever
배탈이 나다 have a stomachache	설사를 하다 have diarrhea
체하다 indigestion	변비가 있다 have constipation
(다리가) 부러지다 break (a leg)	(다리를) 삐다 sprain (a leg)
목이 아프다 throat hurting	몸살이 나다 ache all over
감기에 걸리다 catch a cold	

기타 표현 Other Expressions

치료하다 treat	수술하다 undergo surgery	아프다 sick
낫다 get better	건강하다 healthy	

병원 Hospital

내과 internal medicine	외과(성형외과, 정형외과) (plastic/ orthopedic) surgery	
안과 ophthalmology	치과 dentist	피부과 dermatology
소아과 pediatrics	산부인과 obstetrician	이비인후과 otolaryngology
응급실 emergency room	종합병원 general hospital	

● Vocabulary and Expressions

1. 다음을 읽고 보기 에서 알맞은 것을 골라 '-거나'를 사용하여 문장을 완성하십시오.

> 보기 나다   참다   하다   아프다   걸리다

1 A : 어휴, 감기에 걸린 것 같아요. 일어나지 못하겠어요.

　 B : 너무 아프면 ___________ 그냥 있지 말고 병원에 가 보세요.

2 A : 여보, 저 잠깐 나갔다 올게요. 많이 ___________ 힘들면 전화해요.

　 B : 괜찮으니까 너무 걱정하지 말고 잘 다녀와요.

3 A : 아이가 어제부터 배탈이 났어요. 선생님.

　 B : 이 약을 먹고도 계속 설사를 ___________ 토하면 다시 병원에 오세요.

2. 다음 그림을 보고 '-고 나서'를 사용하여 문장을 완성하십시오.

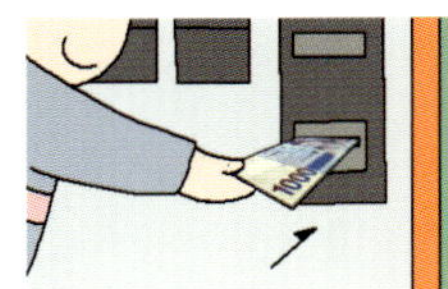

> 보기 누르다   찾다   선택하다   넣다

1 지하철 표를 사려면 제일 먼저 행선지를 누릅니다.

2 행선지를 ___________ 일반인, 청소년, 아이 중 하나를 선택합니다.

3 일반인, 청소년, 아이 중 하나의 버튼을 ___________ 돈을 넣습니다.

4 돈을 ___________ 표를 꺼냅니다. 목적지에 도착한 후 보증금을 받아야 하니까 표를 잘 간직
하세요.

3. 다음의 대화를 완성하십시오.

1 A : 오늘은 그만하고 내일 계속 CD를 ___________ 게 어때요?

(듣다)

B : 잠깐만요. 5과까지만 듣고 잘게요.

2 A : 많이 피곤한 것 같은데 좀 ___________ 게 어때요?

(쉬다)

B : 미안하지만 그래야겠어요. 조금만 쉬고 같이 할게요.

3 A : 집이 너무 먼데 기숙사에서 ___________ 게 어때요?

(살다)

B : 생각 중이에요. 기숙사에서 살면 좋은데 요리를 할 수 없어서 불편해요.

4. '-(으)ㄹ까 하다'를 사용하여 다음 대화를 완성하십시오.

1 A : 유미 씨는 올해 배우고 싶은 것이 있어요?

B : 글쎄요. 올해에는 시간이 있으면 운전을 ___________________________________.

2 A : 남편 생일이지요? 케이크 안 사요?

B : 이번에는 케이크를 사지 않고 ___________________________________.

A : 남편이 좋아하겠어요.

5. 다음 대화를 듣고 이어질 수 있는 말을 고르십시오. 31

    ① 그래서 컴퓨터를 팔까 해요.

    ② 그러면 다른 일을 하지 않으면 돼요.

    ③ 그러면 다른 약속을 많이 만드는 게 어때요?

    ④ 컴퓨터 게임을 하거나 친구를 만나는 게 어때요?

6. 다음을 듣고 대화의 내용과 <u>다른</u> 것을 고르십시오. 32

    ① 여자는 한국에 있습니다.

    ② 남자는 짐 때문에 걱정하고 있습니다.

    ③ 한국은 지금 겨울이어서 많이 춥습니다.

    ④ 남자는 한국에 오기 전에 두꺼운 옷을 살 겁니다.

● **Reading**

7. 다음은 무엇을 의미하는지 알맞은 것을 고르십시오.

> 오일(oil)을 바르고 나서 수영장에 들어가지 마십시오.

    ① 오일을 바르고 수영하십시오.

    ② 오일을 바르러 수영장에 들어가십시오.

    ③ 오일을 바른 다음에 수영장에 들어가십시오.

    ④ 오일을 바른 후에는 수영장에 들어가면 안 됩니다.

8. 다음을 읽고 글의 내용과 같은 것을 고르십시오.

> 저는 올해 자동차를 살까 합니다. 그런데 지금 가지고 있는 돈이 별로 없습니다. 그래서 돈을 모아야 합니다. 어떻게 돈을 모을 수 있을까요? 일을 두가지 할까 합니다. 저는 지금 학원에서 스페인어를 가르치고 있습니다. 주말에는 쉽니다. 그래서 주말에 번역 아르바이트를 하거나 관광 가이드(guide) 일을 하고 싶습니다. 그렇지만 쉽지 않습니다. 제가 올해 자동차를 살 수 있을까요?

① 저는 하고 있는 일이 두 개입니다.

② 저는 지금 자동차를 살 수 없습니다.

③ 저는 올해 자동차를 꼭 사야 합니다.

④ 번역이나 가이드 일은 빨리 찾을 수 있습니다.

9. 다음을 읽고 물음에 답하십시오.

> 여자 : 저는 영어를 잘 하고 싶어서 외국 친구를 사귀고 싶은데 어떻게 하면 좋을까요?
> 남자 : 요즘은 외국인들이 함께 모여 이야기도 하도 문화도 소개하는 모임이 많이 있는데 거기에 가 보는 게 어때요?
> 여자 : 그래요? 저는 인터넷으로 영어 채팅을 할까 생각했어요.
> 남자 : 음, 그것도 좋은 생각이지만 직접 얼굴을 보면서 이야기하는 게 더 좋지 않을까요?

1 이 글에서 남자의 생각을 고르십시오.

① 영어를 잘 하고 싶습니다.

② 외국 친구를 사귀고 싶습니다.

③ 외국인들 모임에 가고 싶습니다.

④ 외국인을 사귀려면 직접 만나는 게 좋습니다.

2 이 글의 내용과 같은 것을 고르십시오.

① 여자는 영어 채팅을 하려고 했습니다.

② 남자는 외국인을 직접 만나려고 했습니다.

③ 여자는 외국 친구를 사귀는 방법을 잘 압니다.

④ 남자는 여자에게 외국 친구를 소개하려고 합니다.

10. 제시된 표현을 순서대로 모두 사용해 한 문장으로 쓰십시오.

1 소화가 안 되다 / 산책을 하다

⇨ ____ .

2 이 일을 끝내다 / 여행을 가다 / 집에서 쉬다

⇨ ____ .

11. 다음을 읽고 빈칸에 알맞은 말을 쓰십시오.

> 저는 여러 나라의 동전 수집이 취미입니다. 여행을 하고 나서 동전이 생기면 그 동전은 다시 바꾸지 않고 모읍니다. 동전의 값은 비싸지 않지만 각각 다른 동전 속의 그림을 보면서 그 나라의 역사나 문화를 알 수 있습니다. 여러분도 지금부터 다른 나라로 여행을 (   ) 친구가 외국에서 돌아오면 그 나라의 동전을 부탁해 보는 것이 어때요? 재미있는 취미가 될 겁니다.

12. 여러분은 이번 휴가(방학)에 무엇을 할 계획입니까? 확실한 계획이 있습니까? 아니면 생각 중입니까? '여러분의 휴가(방학) 계획'을 쓰십시오.

Self-Assessment

Chapter 8 is finished. Did you understand everything? Check the questions below.

Question	Self-Assessment				
	No ------------ Yes				
1. Can you use '–고 나서' to tell the time order?	1	2	3	4	5
2. Can you use '–거나' or '–는 게 어때요?' to ask someone else for advice?	1	2	3	4	5
3. Can you use '–(으)ㄹ까 하다' to speak of an uncertain plan?	1	2	3	4	5
4. Can you use expressions related to sickness or symtoms?	1	2	3	4	5

Culture

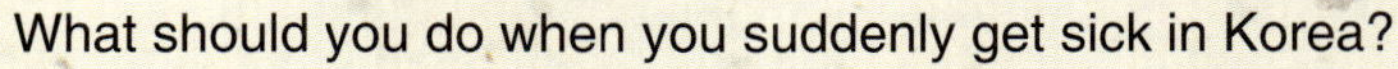

What should you do when you suddenly get sick in Korea?
Since most Korean hospitals can be visited without reservation and the system of family doctor is not active, you can choose between internal medicine, surgery, otolaryngology, dentist, obstetrician, and others according to your sickness and symptoms. You need a prescription from the doctor after an examination to get medicine in the pharmacy. If the symptoms are not serious, you can go straight to the pharmacy without having to go through the hospital and explain your symptoms to get medicine from the pharmacist. In big general hospital, there are somtimes center for foreigners which provides translation.

During night or national holidays, you can use the emergency room. If you cannot go to the emergency room by yourself, you can use the emergency call 119. 119 is a number used in emergency as medical, fire, rescue, natural disaster. So, if one's house is on fire, or one gets lost during hiking, one can call 119.

What are the folk remedies from the past when there was no 119?

In Korea, there are ways to get better without going to the hospital or taking medicine. These are called folk remedies. When throat hurts, holding salt water in your mouth for a while and spitting it out helps to get better. Also, if there's indigestion, you can pick your finger, and 'picking a finger' means to use a pointy object such as a needle after sterilizing and poking slightly the part a little below your fingernails to bleed. Also for indigestion, drinking plum tea or juice has been said to have an effect. Also, when there's a stomachache, mothers rub the stomach of little kids saying 'mommy's hand is medicine hand', and to some people, this helps. When there's a severe cold, one drink ginger tea or sweat by putting feet in hot water. After being under the hot sun, you can experience the heat disappear and feel cool when you put thinly cut uncooked potato or cucumber on the skin. These kinds of folk remedies are not only used in the past, but are still used today.

What kind of folk remedies exist in your country? Do they still use those remedies?

친구들이 한국 기념품을 좋아할 것 같아요
I think my friends will like Korean souvenirs.

After learning chapter 9

> You will be able to express the future, or assume the future.
> You will be able to give advice or counsel someone else.

Grammar and Expressions
-(으)ㄹ, -(으)ㄹ 것 같다, -는 게 좋겠다, -지만

Culture
길거리 음식 Street food

Dialogue

Jacques and Alexander went to Insadong. Jacques is shopping. What will he buy?

인사동에서(쇼핑)-알렉산더와

자크　　　친구에게 줄 선물을 사려고 하는데, 뭘 사면 좋을까요?

알렉산더　천천히 구경하면서 골라 봅시다. 여기는 볼 것이 참 많아요.

자크　　　음…. 저는 전통 인형을 사고 싶어요. 친구들이 한국 기념품을 좋아할 것 같아요.

(전통 물건 가게에서)

자크　　　안녕하세요? 이 인형 얼마예요?

주인　　　신랑 신부 인형이요? 큰 것은 5만 원이고, 조금 작은 건 3만 원이에요.

자크　　　3만 원이요? 예쁘지만 조금 비싸네요. 그럼, 이건 얼마예요?

주인　　　그 인형도 가격은 같아요. 비싸지만 손으로 직접 만들어서 손님들이 좋아해요.

알렉산더　(작은 소리로) 자크 씨, 좀 더 보는 게 좋겠어요. 다른 가게에도 많을 것 같아요.

At Insadong (shopping) – With Alexander

Jacques	I'm trying to buy a gift for a friend, what should I buy?
Alexander	Let's take time to look around and choose. There are many things to look at here.
Jacques	Hmm⋯. I want to buy a traditional doll. I think my friends will like Korean souvenirs.

(At a traditional gift store)

Jacques	Hello? How much is this doll?
Owner lady	The bride and groom dolls? The big one is 50,000 won and the smaller one is 30,000 won.
Jacques	30,000 won? It's pretty but a bit expensive. Then, how much is this?
Owner lady	The price for that doll is the same. It is expensive, but it is handmade, so customers like it.
Alexander	(quietly) Jacques, it would be better to look around more. There should be more at other stores.

- ☐ **천천히** take time **Ex.** 조금 천천히 말해 주세요.
- ☐ **고르다** choose **Ex.** 마음에 드는 것을 잘 골라 보세요.
- ☐ **여기** here **Ex.** 여기가 사람들이 정말 많이 가는 유명한 식당이에요.
- ☐ **음** hmm **Ex.** 음, 제 생각에는 택시를 타는 게 나을 것 같아요.
- ☐ **전통** traditional **Ex.** 한국 전통 옷의 이름은 '한복'입니다.
- ☐ **인형** doll **Ex.** 러시아에 가면 러시아 전통 인형을 사 올래요?
- ☐ **가게** store **Ex.** 신발가게는 몇 시에 문을 열어요?
- ☐ **신랑** groom **Ex.** 결혼식 날 신랑이 저에게 노래를 불러 주었어요.
- ☐ **신부** bride **Ex.** 신부 화장이 참 잘 어울려요.
- ☐ **크다** big **Ex.** 제 형은 키가 정말 커요.
- ☐ **작다** small **Ex.** 죄송하지만, 작은 소리로 이야기해 주세요.
- ☐ **가격** price **Ex.** 가격이 좀 비싸네요.
- ☐ **같다** same **Ex.** 이것과 같은 색 치마 있어요?
- ☐ **비싸다** expensive **Ex.** 방값이 좀 비싸지만 방이 정말 깨끗하고 좋아요.
- ☐ **손** hand **Ex.** 손을 다쳐서 요즘 피아노를 못 쳐요.
- ☐ **손님** customer **Ex.** 오늘 집에 손님이 오셔서 요리를 하고 있어요.

Pronunciation

유음화 Lateralization

'ㄴ' in front or back of 'ㄹ' is pronounced [ㄹ]. For example, '연락[열락]', '한라산[할라산]', and so on.

How should this be pronounced? Please read the below.

❶ <u>신랑</u> 신부 인형이요?   ① 신랑 → [실랑]

❷ <u>설날</u>에는 떡국을 먹어요.   ② 설날 → [설랄]

Grammar

1 –(으)ㄹ to V, adnominal clause ending Easy | Normal | **Hard**

Combined with a verb to express future tense and when a noun comes after, it acts as a modifier. For verb stems ending in a consonant other than 'ㄹ', combine with '–을'; when ending in a vowel or 'ㄹ', combine with '–ㄹ'.

> **Ex.** 여기는 **볼** 것이 참 많아요. There are many things to see here.
>
> 이 옷은 내일 **입을** 옷이에요. These clothes are what I will wear tomorrow.
>
> 우리가 **공부할** 곳이에요. This is where we will study tomorrow.
>
> 내일 저를 **도울** 사람 있어요? Is there someone who will help me tomorrow?

2 –(으)ㄹ 것 같다 be likely that Easy | Normal | **Hard**

Expression showing assumption. For verbs or adjective stems ending in a consonant except 'ㄹ', add '–을 것 같다', for a vowel or 'ㄹ', add '–ㄹ 것 같다'.

Infinitive form	–ㄹ 것 같다	Infinitive form	–을 것 같다
가다	가다 + ㄹ 것 같다 → 갈 것 같다	먹다	먹다 + 을 것 같다 → 먹을 것 같다
크다	크다 + ㄹ 것 같다 → 클 것 같다	작다	작다 + 을 것 같다 → 작을 것 같다
착하다	착하다 + ㄹ 것 같다 → 착할 것 같다	*듣다	듣다 + 을 것 같다 → 들을까 하다
*놀다	놀다 + ㄹ 것 같다 → 놀 것 같다	*짓다	짓다 + 을 것 같다 → 지을 것 같다
*길다	길다 + ㄹ 것 같다 → 길 것 같다	*돕다	돕다 + 을 것 같다 → 도울 것 같다

> **Ex.** 다른 가게에도 **많을 것 같아요**. I think there will be more in other stores.
>
> 내일 아침에는 비가 **올 것 같아요**. I think it will rain tomorrow morning.
>
> 방 친구는 노래를 잘 **할 것 같아요**. It is likely that my roommate sings well.
>
> 그 남자는 멋있는 **남자일 것 같아요**. He seems to be a cool man.

3 -는 게 좋겠다 would be better

Easy | Normal | Hard

Expression used to advise or suggest something to someone else. Used combined with a verb.

Infinitive form	-는 게 좋겠다
가다	가다 + 는 게 좋겠다 → 가는 게 좋겠다
먹다	먹다 + 는 게 좋겠다 → 먹는 게 좋겠다
운동하다	운동하다 + 는 게 좋겠다 → 운동하는 게 좋겠다
듣다	듣다 + 는 게 좋겠다 → 듣는 게 좋겠다
*살다	살다 + 는 게 좋겠다 → 사는 게 좋겠다
돕다	돕다 + 는 게 좋겠다 → 돕는 게 좋겠다

Ex. 좀 더 **보는 게 좋겠어요**. It would be better to look around more.

늦었으니까 빨리 **가는 게 좋겠어요**. It would be better to go quickly since we are late.

오늘은 좀 **쉬는 게 좋겠어요**. It would be better to rest today.

살을 빼려면 조금만 **먹는 게 좋겠어요**. It would be better to eat less to lose weight.

4 -지만 but

Easy | Normal | Hard

Shows that meanings are opposite. Used combined behind verbs and adjectives.

Ex. **예쁘지만** 조금 비싸네요. It's pretty, but a bit expensive.

파티에 가고 **싶었지만** 아파서 못 갔어요.

I wanted to go to the party but could not because I was sick.

열심히 **공부했지만** 시험에서 떨어졌어요. I studied hard but failed the exam.

바람은 **불지만** 비는 안 와요. It is windy, but not raining.

시장 구경

저는 어제 친구와 같이 옷을 사러 동대문시장에 갔습니다. 남대문시장이나 명동에는 가 본 적이 있지만 동대문시장은 처음이었습니다. 밤에 가면 물건을 더 싸게 살 수 있을 것 같아서 밤에 갔습니다.

시장에 중국 사람들과 일본 사람들이 너무 많아서 깜짝 놀랐습니다.

동대문시장에는 값이 싸고 다양한 물건들이 아주 많았습니다. 옷과 가방을 사고 나서 친구와 같이 감자핫도그와 떡볶이도 먹었습니다. 언니에게 줄 목도리와 장갑도 샀습니다. 밤이었지만 전혀 피곤하지 않았습니다. 예쁜 물건을 싸게 사서 기분이 좋았습니다. 그런데 다음에는 살 물건을 미리 적는 게 좋겠습니다. 그러면 필요한 물건만 사고 낭비를 안 할 것 같습니다.

New Words

시장 market	**놀라다** surprise	**예쁘다** pretty
동대문시장 Dongdaemun Market	**값** price	**미리** early
남대문시장 Namdaemun Market	**감자핫도그** potato corndog	**적다** write
명동 Myeongdong	**떡볶이** tteokbokki	**필요하다** need
싸다 cheap	**목도리** muffler	**낭비** waste
깜짝 startle	**장갑** gloves	

다음 질문에 답하십시오.

1 어제 어디에 갔습니까?

2 왜 밤에 갔습니까?

3 왜 기분이 좋았습니까?

4 무엇을 샀습니까?

5 왜 다음에는 살 물건을 미리 적는 게 좋을까요?

Additional Vocabulary

쇼핑 Shopping

시장 market	가게 store	백화점 department store
편의점 convenience store	슈퍼마켓 supermarket	사다 buy
팔다 sell	구경하다 look around	고르다 choose
비싸다 expensive	싸다 cheap	쇼핑하다 shopping
팔리다 sold	할인 sale	현금 cash

음식 Food

갈비탕 Galbitang	비빔밥 Bibimbap	갈비 rib
냉면 cold noodles	설렁탕 Seolleongtang	닭갈비 Stir-fried chicken ribs
감자탕 Gamjatang	돈가스 pork cutlet	만두 dumpling
샌드위치 sandwich	김밥 Kimbab	볶음밥 fried rice
김치 Kimchi	자장면 Jajangmyeon	삼계탕 Samgyetang
불고기 Bulgogi	김치찌개 Kimchi stew	된장찌개 bean paste stew
라면 Ramen	국수 noodles	아이스크림 ice-cream

술(맥주, 소주, 와인, 막걸리) alcohol (beer, soju, wine, makgeolli)

음료수(콜라, 사이다, 주스) drink (coke, sprite, juice)

● Vocabulary and Expressions

1. '–지만'을 사용하여 대화를 완성하십시오.

1 A : 한국 음식이 어때요?

B : _________________________________. (맵다, 맛있다)

2 A : 지나 씨, 추워요?

B : 네, 옷을 많이 _________________________. (입었다, 춥다)

3 A : 다 왔어요?

B : 아니요, 사라 씨는 _______________________. (왔다, 인성 씨는 안 왔다)

2. 무엇이 맞습니까? 알맞은 것을 고르십시오.

1 A : 어제 (먹은/먹는/먹을) 음식이 정말 맛있었어요.

B : 제가 제일 좋아하는 음식이에요. 다음에 또 먹으러 가요.

2 A : 링링 씨는 어떤 노래를 좋아해요?

B : 제가 (좋아한/좋아하는/좋아할) 노래는 한국 가수의 노래예요.

3 A : 오늘 저녁에 시간 괜찮아요?

B : 음, 미안해요. 오늘은 약속이 있어요. 계약 때문에 (만난/만나는/만날) 사람이 있어요.

3. 무엇이 맞습니까? 알맞은 것을 고르십시오.

1 A : 이 치마를 한번 입어 보세요. 잘 (어울린/어울리는/어울릴) 것 같아요.

B : 이거요? 너무 짧아요. 전 짧은 치마는 잘 안 입어요.

2 A : 여기는 가격도 싸지만 맛도 좋아요.

B : 네. 냄새도 좋고, 색깔도 예쁘네요. 아주 (맛있는/맛있은/맛있을) 것 같아요.

3 A : 유미 씨는 오늘 모임에 나올 수 있을까요?

B : 아니요. 동생이 아파서 못 (온/오는/올)것 같아요.

4. 다음 대화를 듣고 이어질 수 있는 말을 고르십시오. ◎ 35

① 많이 아플 것 같아요. 반창고를 붙이세요.

② 이 화장품을 써 보세요. 피부에 아주 좋아요.

③ 좀 쉬는 게 좋겠어요. 정말 쓰러질 것 같아요.

④ 아프지만 내일까지 끝낼 일이 있어서 안 돼요.

5. 다음을 듣고 대화의 내용과 같은 것을 고르십시오. ◎ 36

① 남자는 김치찌개를 좋아합니다.

② 여자는 다른 음식을 먹을까 합니다.

③ 남자는 김치찌개를 먹으러 왔습니다.

④ 여자는 이 식당에서 김치찌개만 먹습니다.

● **Reading**

6. 다음을 읽고 내용과 <u>다른</u> 것을 고르십시오.

> 다음 주에 면접시험이 있습니다. 그런데 검은색 구두가 없어서 인터넷으로 구두를 샀습니다. 조금 비쌌지만 구두 모양과 색깔이 마음에 들었습니다. 주문하고 이틀 뒤에 구두를 받았습니다. 기쁜 마음으로 구두를 신어 봤는데 발이 조금 아팠습니다. 발이 불편해서 이 구두는 오래 신을 수 없을 것 같습니다.

① 여자는 다음 주에 면접시험을 봅니다.

② 여자는 새로 산 구두가 매우 편합니다.

③ 여자는 검은색 구두를 인터넷으로 샀습니다.

④ 여자는 구두를 샀지만 마음에 들지 않습니다.

7. 다음을 읽고 내용과 같은 것을 고르십시오.

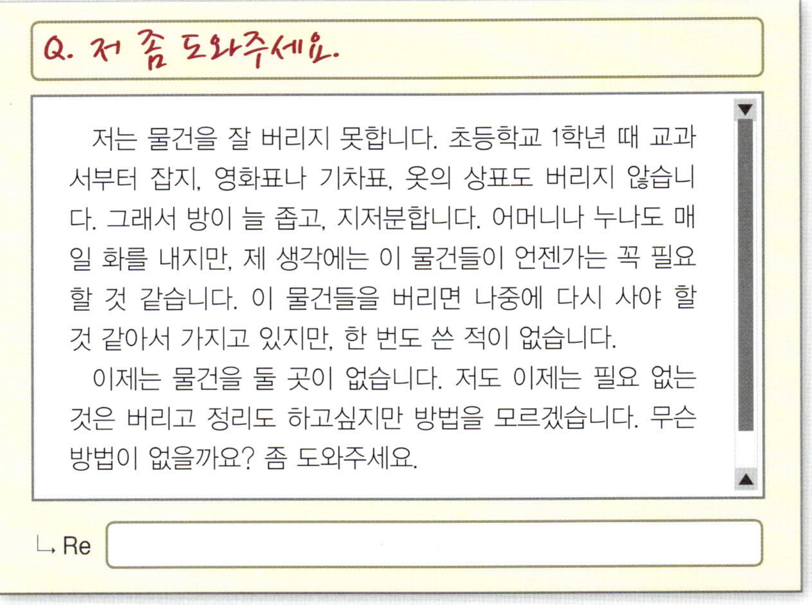

① 제 방은 정리가 잘 되어서 깨끗합니다.

② 버리지 않은 물건들을 자주 사용합니다.

③ 필요 없는 물건은 바로 버리고 정리합니다.

④ 나중에 쓸 것 같아서 물건들을 가지고 있습니다.

8. 다음을 읽고 중심 생각을 고르십시오.

저는 옷이 많습니다. 예쁜 옷을 보면 꼭 사고 싶은 마음이 듭니다. 옷을 사면 스트레스도 풀립니다. 그런데 옷장을 보면 입을 옷이 없는 것 같습니다. 그래서 옷이 많지만 또 옷을 삽니다. 봄이 되어서 옷장을 정리했는데 산 다음에 한 번도 입지 않은 옷도 있고, 한 번만 입은 옷도 있었습니다. 앞으로는 옷을 사기 전에 한 번 더 생각하는 것이 좋을 것 같습니다.

① 앞으로 옷을 계속 살 생각입니다.

② 옷장에 입을 옷들이 많아서 좋습니다.

③ 이제 옷을 너무 많이 사지 않을 겁니다.

④ 옷을 사기 전에 인터넷으로 먼저 봅니다.

9. 제시된 표현을 순서대로 모두 사용해 한 문장으로 쓰십시오.

1 주말이다 / 예약을 안하다 / 표가 없다

⇨ ____ .

2 내일부터 휴가다 / 특별한 계획이 없다 / 집에 있다

⇨ ____ .

10. 앞에서 물건을 잘 버리지 못하는 친구의 고민을 읽었습니까? 그 친구에게 어떤 말을 해 주면 좋겠습니까? 고민이 있는 친구에게 편지를 쓰십시오.

Self-Assessment

Chapter 9 is finished. Did you understand everything? Check the questions below.

Question	Self-Assessment No ----------- Yes				
1. Can you express opposite meaning using '–지만'?	1	2	3	4	5
2. Can you use '–(으)ㄹ' to modify a noun which follows and '–(으)ㄹ 것 같다' to assume?	1	2	3	4	5
3. Can you use '–는 게 좋겠다' to advise someone?	1	2	3	4	5
4. Can you use expressions related to shopping well?	1	2	3	4	5

Culture

길거리 음식 Street Food

There are times when you feel hungry or just want to snack while walking on the street. For these times, there are many delicious foods available on the streets of Korea.

The most typical foods, tteokbokki, sundae, fishcake, and corndogs, can be found anywhere in the streets of Korea. Spicy tteokbokki and hot fish ball soup are the most loved street foods and are a perfect match.

Besides these, there are diverse foods sold on the streets. There are chicken skewers which are cooked marinated lean chicken on skewers, fish-shaped bread and Chinese pancakes that come to mind during winter, mini pizzas and chicken in paper cups, burgers, vegetables in a hotdog bun, fishcake bars that are fried on the spot, stir-fried spicy beef intestines, cooked cobs of corn, and various other foods awaiting us on the streets. These foods are enough to be snacks or a meal. Also, fruit juices that are blended on the spot and fruit skewers with pineapple or melon are popular during the hot summer.

Street foods are now changing. Instead of ice cream, there are cones with spaghetti inside and chicken skewers longer than 30 cm, a fried potato shaped like a whirlwind, potato corndogs that are potatoes on top of corndogs, noodles which are shaken with vegetables and sauce before eating. Also, foods normally eaten in restaurants such as fried rice, sushi, and raw fish can be enjoyed on the street.

Delicious and fun-to-eat street food. When you get hungry after looking around at people and shops, choose some food on the street.

와, 정말 맛있어 보여요
Wow, it looks really delicious!

After learning chapter 10

> You will be able to speak of assumption or opinions of something you've seen.
> You will be able to explain a point when an action has occurred.

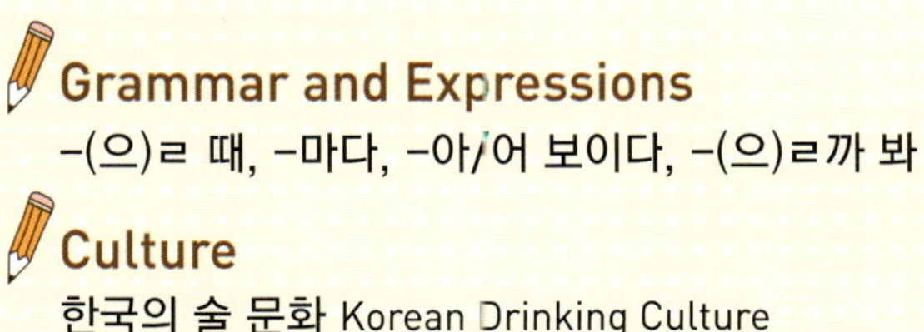

Grammar and Expressions
-(으)ㄹ 때, -마다, -아/어 보이다, -(으)ㄹ까 봐

Culture
한국의 술 문화 Korean Drinking Culture

Dialogue

Jacques and Alexander have gone to a Korean restaurant. What food will they eat?

한국 전통 음식점에서–알렉산더와

알렉산더   저는 한국에 올 때마다 이 식당에 와요. 이 식당은 막걸리와 파전이 유명해요.

자크   프랑스에서 인터넷으로 본 적이 있는데, 매울까 봐 아직 먹어 보지 못했어요.

(음식이 나오고)

자크   와, 정말 맛있어 보여요. 그런데 아까 옆에서 막걸리를 마실 때 무슨 말을 했어요?

알렉산더   아, "위하여"요? 건배할 때 하는 말이에요. 술을 마실 때 잔을 들고 외치는 거예요.

자크   재미있어 보이는데 우리도 한번 해 봐요.

알렉산더   우리도 건배해요. "우리의 우정을 위하여!"

자크   파전은 전혀 맵지 않네요. 저는 취할까 봐 많이 못 마시겠어요.

알렉산더   막걸리는 마실 때에는 잘 모르지만 금방 취해요. 와인하고 많이 달라요.

**In Korean traditional restaurant
– With Alexander**

Alexander   Each time I come to Korea, I come to this restaurant which is famous for Macgeolli and Pajeon.

Jacques   I read about it in France on the Internet, but I have not tried it yet in case it is too spicy.

(Food comes out)

Jacques   Wow, it looks really delicious. By the way, what did the next table say a moment ago when they were drinking Makgeolli?

Alexander   Ah, "위하여"? That is a phrase used during toasts. You hold up the glass and shout it when drinking.

Jacques   It looks fun, we should try it.

Alexander   Ok, let's toast. "우리의 우정을 위하여!"

Jacques   Pajeon is not spicy at all. I can't drink a lot in case I get drunk.

Alexander   When drinking Makgeolli, you don't know it but you get drunk quickly. It's very different from wine.

- [ ] **음식점** restaurant **Ex.** 여기는 외국인들이 많이 찾는 음식점입니다.
- [ ] **막걸리** Makgeolli **Ex.** 막걸리는 한국의 전통 술입니다.
- [ ] **파전** Pajeon **Ex.** 저는 파전을 만들어 봤어요.
- [ ] **맵다** spicy **Ex.** 한국 음식이 모두 매운 것은 아니에요.
- [ ] **아직** yet **Ex.** 컴퓨터가 고장 나서 아직 기차표를 예매하지 못했어요.
- [ ] **아까** a moment ago **Ex.** 민수 씨, 아까 간 커피숍 이름이 뭐였지요?
- [ ] **아** Ah **Ex.** A : 유미 씨, 아까 먹은 음식이 뭐예요?   B : 아, '삼계탕'이요?
- [ ] **위하다** for / '위하여(for)' is a toast. It is used as 'for health', 'for our company' and often times the subject is skipped and just 'for' is shouted. **Ex.** 오늘 친구를 위해 한국 음식을 만들 거예요.
- [ ] **건배하다** toast **Ex.** 미국에서는 건배할 때 뭐라고 말해요?
- [ ] **술** alcohol **Ex.** 저는 주말에만 술을 마셔요.
- [ ] **잔** glass **Ex.** 저, 커피 한 잔 주시겠어요?
- [ ] **외치다** shout **Ex.** 산꼭대기에서 내 이름을 큰 소리로 외쳐 보았어요.
- [ ] **우정** friendship **Ex.** 두 분의 우정이 앞으로도 지금처럼 계속 되기를 바랍니다.
- [ ] **전혀** at all **Ex.** 제 동생과 저는 전혀 닮지 않았어요.
- [ ] **취하다** drunk **Ex.** 저 친구는 술에 취하면 꼭 울어요.

Pronunciation

 38

'여' 발음 '여' Pronunciation

When the vowel '여' comes at the end of the first syllable, it is pronounced '여'. For example, '겨울' is [겨울], '여름' is [여름]. However, when '여' is used in conjugated form of a verb or adjective, it is pronounced '어'. For example, '가져' is read as [가저], and '다쳐' is as [다처].

How should this be pronounced? Please read the below.

❶ 술을 마실 때 잔을 들고 <u>외쳐요</u>.

❷ 운동을 그만두고 나서 살이 많이 <u>쪘어요</u>.

① 외쳐요 → [외처요]

② 쪘어요 → [쩠어요 → 쩌ㅆ요]

Grammar

1 –(으)ㄹ 때 when

Expression used after a verb or adjective to show that something has occurred or is occurring. When the phrase before '–(으)ㄹ 때' and the phrase after are in the same tense, even though the phrase after is past tense, you use '(으)ㄹ 때' form instead of '–았/었을 때'. When '–(으)ㄹ 때' is combined with '가다' or '오다' in present tense, it shows currently going or coming to the destination and in past tense, it means already arrived at the destination. In present tense, when verb or adjective stems end in a vowel or 'ㄹ', use '–ㄹ 때', and with consonants except 'ㄹ', use '–을 때'. In past tense, omit '어요' in informal past tense '았/었어요' and add '–을 때'.

Infinitive form	–ㄹ 때	Infinitive form	–을 때
가다	가다 + ㄹ 때 → 갈 때	먹다	먹다 + 을 때 → 먹을 때
보다	보다 + ㄹ 때 → 볼 때	읽다	읽다 + 을 때 → 읽을 때
여행하다	여행하다 + ㄹ 때 → 여행할 때	*듣다	듣다 + 을 때 → 들을 때
*놀다	놀다 + ㄹ 때 → 놀 때	*짓다	짓다 + 을 때 → 지을 때
*살다	살다 + ㄹ 때 → 살 때	*돕다	돕다 + 을 때 → 도울 때
이다	이다 + ㄹ 때 → 일 때		

Infinitive form	과거형
가다	갔어요 + 을 때 → 갔을 때
먹다	먹었어요 + 을 때 → 먹었을 때
듣다	들었어요 + 을 때 → 들었을 때
운동하다	공부했어요 + 을 때 → 공부했을 때
만들다	만들었어요 + 을 때 → 만들었을 때
돕다	도왔어요 + 을 때 → 도왔을 때
이다	였어요 + 을 때 → 였을 때 이었어요 + 을 때 → 이었을 때

Ex. 술을 **마실 때** 잔을 들고 외쳐요. When drinking, hold up the glass and shout.

제가 숙제를 **끝냈을 때**가 밤 12시였어요. It was midnight when I finished my homework.

저는 **어렸을 때** 아주 예뻤어요. (=저는 어릴 때 아주 예뻤어요.)

I was very pretty when I was young. (= I was very pretty when I was young.)

친구를 만나러 **갈 때** 비가 왔어요. (친구를 만나러 가는 도중에 비가 왔어요.)

It rained when I was going out to meet my friends. (It rained while going to see my friends.)

친구를 만나러 **갔을 때** 비가 왔어요. (친구를 만나러 간 뒤에 비가 왔어요.)

It rained when I went to meet my friends. (It rained after I went to meet my friends.)

2 -마다 each

Easy | **Normal** | Hard

Added a to noun to show the meaning of 'each and every one of'. For example, '나라마다' means every country, '아침마다' means every morning, and '세 시간마다' means repeat after every 3 hours.

Ex. 저는 한국에 올 때<u>마다</u> 이 식당에 와요. Each time I come to Korea, I come to this restaurant.

그는 밤<u>마다</u> 미국에 있는 여자 친구와 메신저로 이야기를 해요.

He talks to his girlfriend in the US through messenger each night.

주말<u>마다</u> 늦잠을 자서 엄마에게 매번 혼나요. I get scolded by my mom each weekend.

이번 주부터 일요일<u>마다</u> 등산을 가는 게 어때요? How about going hiking each Sunday from this week?

3 -아/어 보이다 look like

Easy | Normal | **Hard**

Added to an adjective to describe the feeling of an object or an assumption of appearance. In the informal present ending word '-아/어요' omit '요' and add '보이다'.

Infinitive form	-아/어 보이다
크다	커요 + 보이다 → 커 보이다
작다	작아요 + 보이다 → 작아 보이다
날씬하다	날씬해요 + 보이다 → 날씬해 보이다
길다	길어요 + 보이다 → 길어 보이다
*덥다	더워요 + 보이다 → 더워 보이다
맛있다	맛있어요 + 보이다 → 맛있어 보이다
재미없다	재미없어요 + 보이다 → 재미없어 보이다

Ex. <u>**재미있어 보이는데**</u> 우리도 한번 해 봐요. It looks fun, we should try it.

<u>**피곤해 보이는데**</u> 좀 쉬는 게 어때요? You look tired, why don't you take a rest?

그 원피스를 입으니까 키가 아주 **커 보이네요**. You look tall wearing that dress.

와, 냉면이 정말 **맛있어 보여요**. Wow, the cold noodles look really delicious.

Note

'-아/어 보이다' is used only with adjectives. If a verb comes before, the sentence becomes wrong.

Ex. 저 사람은 한국말을 잘해 보여요. (×) → 저 사람은 한국말을 잘하는 것 같아요. (○)
That man looks like a good speaker of Korean.
*잘하다(verb) + 아/어 보이다 (×)

Grammar

4 –(으)ㄹ까 봐 in case

Easy | Normal | **Hard**

Added to a verb or adjective to express worrying that a fact or event may occur in. When verb stem ends in 'ㄹ', use '–ㄹ까 봐', and in consonants except 'ㄹ', use '–을까 봐'.

Infinitive form	–ㄹ까 봐	Infinitive form	–을까 봐
가다	가다 + ㄹ까 봐 → 갈까 봐	먹다	먹다 + 을까 봐 → 먹을까 봐
보다	보다 + ㄹ까 봐 → 볼까 봐	읽다	읽다 + 을까 봐 → 읽을까 봐
전화하다	전화하다 + ㄹ까 봐 → 전화할까 봐	*듣다	듣다 + 을까 봐 → 들을까 봐
*놀다	놀다 + ㄹ까 봐 → 놀까 봐	*짓다	짓다 + 을까 봐 → 지을까 봐
*살다	살다 + ㄹ까 봐 → 살까 봐	*돕다	돕다 + 을까 봐 → 도울까 봐

Ex. **취할까 봐** 많이 못 마시겠어요. I can't drink in case I get drunk.

약속 장소를 잘 못 **찾을까 봐** 일찍 나왔어요. I came out early in case I wouldn't find the place.

비행기를 **놓칠까 봐** 어제 공항에서 밤을 새웠어요.

I spent the night at the airport so that I wouldn't I miss my flight.

동생이 더 키가 **클까 봐** 걱정한 적이 있어요.

There was a time when I worried that my younger brother was growing taller than me.

음식의 궁합

'음식 궁합' 이런 말 들어 봤어요?

음식에는 궁합이 있어서 서로 잘 맞는 음식을 먹으면 건강에 더 좋지만 잘 맞지 않는 음식을 먹으면 건강에 안 좋습니다.

프랑스에서는 음식을 먹을 때 자주 와인을 마시는 것을 볼 수 있습니다. 고기를 먹을 때는 붉은 색 와인, 생선을 먹을 때는 흰색 와인을 마십니다. 이것은 두 가지를 같이 먹을 때 서로 건강에 좋은 역할을 하기 때문입니다.

한국 음식에도 이렇게 같이 먹거나 요리할 때마다 꼭 함께 사용하는 음식들이 있습니다. '돼지고기'와 '새우젓', '소고기'와 '배', '닭고기'와 '인삼', '굴'과 '레몬', '된장'과 '부추' 등이 그렇습니다.

그리고 어떤 음식은 먹을 때마다 함께 생각나는 음식도 있습니다. 한국 사람들은 '막걸리' 하면 '파전', '맥주'하면 '치킨', '소주'하면 '삼겹살'을 생각합니다. 이런 음식들은 같이 있을 때 더 맛있어 보입니다.

여러분 나라는 어떻습니까? 여러분 나라에도 이렇게 꼭 같이 먹는 음식들이 있습니까?

New Words

궁합 match	새우젓 pickled shrimp	부추 chives
와인 wine	쇠고기 beef	등 etc.
붉은색 red	배 pear	생각나다 comes to mind
흰색 white	닭고기 chicken	맥주 beer
(두) 가지 (2) kinds	인삼 ginseng	치킨 chicken
건강 health	굴 oyster	소주 soju
역할 role	레몬 lemon	삼겹살 Samgyeopsal
돼지고기 pork	된장 bean paste	

다음 질문에 답하십시오.

1 어떤 음식들은 왜 같이 먹는 것이 좋습니까?

2 다음의 음식과 같이 먹는 것이 좋은 음식을 연결시켜 보십시오.

1) 돼지고기 •	• ① 배
2) 소고기 •	• ② 부추
3) 된장 •	• ③ 레몬
4) 닭고기 •	• ④ 새우젓
5) 굴 •	• ⑤ 인삼

Additional Vocabulary

감정 emotion

🙂	🙁
기쁘다 glad	슬프다 sad
신나다 excited	우울하다 gloomy
즐겁다 joyful	귀찮다 troublesome
행복하다 happy	짜증나다 annoyed
재미있다 fun	화나다 angry
기분이 좋다 feel good	외롭다 lonely
	심각하다 serious
	무섭다 scared

Test yourself

● **Vocabulary and Expressions**

1.   다음 그림을 보고 알맞은 단어를 골라 대화를 완성하십시오.

> 보기   귀찮다   피곤하다   외롭다   행복하다

1   A : 수잔 씨, 어제 잠 못 잤어요? 많이 ____________ 보여요.

   B : 네, 할 일이 많아서 어제 거의 밤을 새웠어요.

2   A : 마사코 씨, 이거 우리 가족사진이에요.

   B : 모두 웃고 있네요. 아주 ____________ 보여요.

3   A : 링링 씨, 왜 여기 혼자 앉아 있어요? ____________ 보여요.

   B : 요즘 부모님 생각이 많이 나요. 고향에 가고 싶어요.

2. 다음 문장을 읽고 밑줄 친 것이 맞으면 O, 틀리면 X를 하고 틀린 것을 맞게 고치십시오.

1 아기가 <u>넘어질까 봐</u> 엄마가 손을 잡고 걸어요. (   )

   → ____.

2 상한 음식을 <u>먹지 않을까 봐</u> 만든 날짜를 꼭 확인해요. (   )

   → ____.

3 아침에 공원을 <u>걸었을 때마다</u> 그 사람을 꼭 만나요. (   )

   → ____.

4 아까 집에 <u>갈 때</u> 동생이 집에 없었어요. (   )

   → ____.

3. 다음 그림을 보고 '-마다'를 사용하여 문장을 완성하십시오.

1 월드컵은 _______________ 있습니다.

2 이 식당은 _______________ 쉽니다.

3 저는 _______________ 컴퓨터 게임을 해요.

● **Listening**

4. 다음 대화를 듣고 이어질 수 있는 말을 고르십시오. 39

① 걱정할까 봐 이야기 안 할래요.

② 그럼 앞으로 한국 동료들과 일하지 마세요.

③ 걱정하지 말고 볼 때마다 일하는 게 어때요?

④ 그러면 동료들을 만날 때마다 밥을 같이 먹어 보세요.

5. 다음을 듣고 대화의 내용과 같은 것을 고르십시오. 40

① 요즘 취직 시험은 어렵지 않습니다.

② 여자는 취직 시험에 붙어서 기쁩니다.

③ 여자는 시험 볼 때마다 걱정을 안 합니다.

④ 남자는 여자가 합격하지 못할까 봐 걱정했습니다.

6. 다음은 무엇을 의미합니까?

> 아침마다 산책을 합니다.

① 아침부터 산책을 합니다.   ② 매일 아침 산책을 합니다.

③ 아침에 가끔 산책을 합니다.   ④ 매주 아침에 한 번 산책을 합니다.

7. 다음을 읽고 글의 내용과 <u>다른</u> 것을 고르십시오.

> **– 외국인 진료 안내 –**
>
> 아플 때 말이 통하지 않을까 봐 병원에 못 갑니까? 걱정하지 마세요.
> 국제 병원이 있습니다. 국제 병원에서는 영어를 할 수 있는 의사, 간호사, 직원들이
> 여러분을 항상 기다리고 있습니다. 아플 때마다 국제 병원을 기억해 주세요.
> 여러분의 곁에 있습니다.
>
> · 진료 시간 : 평일 오전 10:00 ~ 오후 4:00
> · 연락처 : 02-123-1234
> **국제 병원 외국인 진료 센터**

① 이 글은 병원 진료 안내문입니다.

② 국제 병원은 주말에는 일하지 않습니다.

③ 국제 병원에 오면 항상 기다려야 합니다.

④ 국제 병원에는 영어를 잘 하는 의사들이 있습니다.

8. 다음을 읽고 중심 생각을 고르십시오.

> 저는 친구들이 부탁을 할 때마다 거절을 잘 못합니다. 저는 친구들이 저를 싫어할까 봐
> 부탁을 다 들어 줍니다. 친구들 부탁 때문에 제 일을 못해서 힘듭니다.

① 친구들은 저를 싫어합니다.   ② 저는 친구들을 도와주고 싶습니다.

③ 저는 거절하는 것이 너무 어렵습니다.   ④ 친구들이 부탁을 많이 해서 좋습니다.

9. 제시된 표현을 순서대로 모두 사용해 한 문장으로 쓰십시오.

1 기분이 우울하다 / 단 음식을 먹다 / 신나는 음악을 듣다

⇨ ____ .

2 결혼하다 / 살이 찌다 / 운동을 열심히 하다

⇨ ____ .

10. 다음을 읽고 빈칸에 알맞은 말을 쓰십시오.

> 오늘 친구 집에 갔습니다. 친구 집 문 앞에서 벨을 누르려고 할 때, 문에 '쉿! 아기가 잠. 벨을 누르지 마십시오.' 메모가 있었습니다. 벨을 누르면 아기가 깰 것 같았습니다. 아기가 (　　　　　) 저는 작은 목소리로 친구 이름을 불렀지만 친구가 나오지 않았습니다. 그래서 전화를 했습니다. 전화벨 소리가 너무 커서 아기가 깼습니다.

11. 여러분은 어릴 때 무슨 일이 생길까 봐 걱정한 적이 있습니까? 무엇 때문에 걱정을 했습니까? 여러분이 어렸을 때 무슨 걱정을 했는지 쓰십시오.

Self-Assessment

Chapter 10 is finished. Did you understand everything? Check the questions below.

Question	Self-Assessment				
	No ----------- **Yes**				
1. Can you use '–(으)ㄹ 때' to say when a event has occurred?	1	2	3	4	5
2. Do you understand the meaning of '–마다' and use it well?	1	2	3	4	5
3. Can you use words to describe feelings and '–아/어 보이다' to speak of your personal feelings?	1	2	3	4	5
4. Can you use '–(으)ㄹ까 봐' to show worry about something?	1	2	3	4	5

Culture

Have you ever heard the phrase '한 잔 하자(Let's have a glass)'? Originally, '한 잔' means a measurement, such as a cup of coffee or glass of milk, but when there is no specific drink mentioned before the term '한 잔, it is normally used to say 'let's drink alcohol together'. If you want to drink another drink, you can use the drink you want in front of '한 잔' such as '커피 한 잔'.

Korean people love to drink together. When having a group dinner at work or school, most of the times people drink alcohol and it doesn't just end there but continues to a second place and third place. Why do Koreans drink often and like to have drinking parties? Of course there will be people who like drinking personally, but mostly it is because of the Korean culture that emphasizes the relationship between people. People who like to hang out with others have honest conversations with people while drinking, and release their work stress or stress from social life. However, there are times when, even though you don't like drinking, you have to drink due to an elder's or superior's suggestion. When a superior gives you a drink, it is good manners to hold the glass in two hands, drink with your face turned to the side, and pour a drink back to the one who has given you a drink.

Before drinking, normally we say '건배' or '위하여'. It is similar to the English 'cheers' and while it can be used as just '위하여', there are times when a word for the group is added in front such as '우리 학교를 위하여 (for our school)' or '우리 회사를 위하여 (for our company)'.

The younger generation these days have come up with fun toasts. For example '당나귀' (당신과 나의 귀한 만남을 위하여; for our valuable relationship), '나가자' (나라를 위해, 가정을 위해, 자신을 위해; for the country, for the family, for myself), and '사우나' (사랑과 우정을 나누자; let's share love and friendship).

Now, shall we have a drink today? What kind of toast shall we shout?

명상하다가 잘 뻔했어요
I almost fell asleep while meditating.

After learning chapter 11

> You will be able to talk to elders using honorifics.
> You will be able to talk about something that you almost experienced.

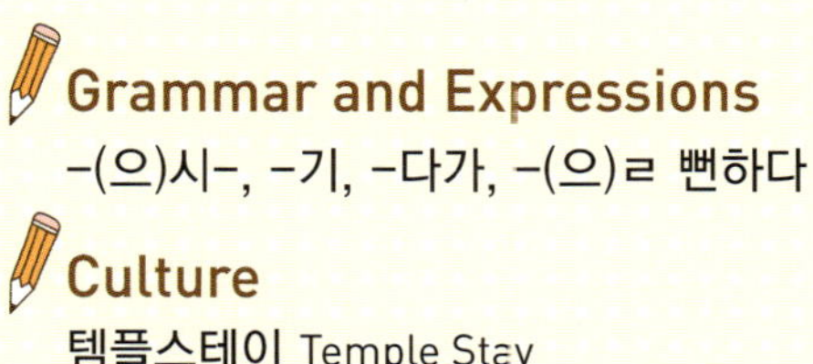 **Grammar and Expressions**
-(으)시-, -기, -다가, -(으)ㄹ 뻔하다

Culture
템플스테이 Temple Stay

Dialogue

Jacques is talking to the monk after temple stay. What did he do during the temple stay?

절에서(템플스테이)-스님과

스님 곧 가시지요? 절에서 지내보니까 어떠세요?

자크 스님들이 많이 도와 주셔서 잘 지내다가 갑니다.

스님 뭐가 제일 기억에 남으세요?

자크 절하기가 제일 인상적이었어요. 108번 절을 하다가 넘어질 뻔했지만 정말 못 잊을 거예요.

스님 그랬어요? 어제 명상 시간은 힘드시지 않았어요?

자크 사실은 명상하다가 잘 뻔했어요. 그렇지만 생각을 정리할 수 있어서 좋았어요.

스님 오래 앉아 있기가 힘드셨을 거예요. 그럼, 조심히 내려가십시오.

자크 스님, 제 트위터에 이곳의 사진과 소개를 올려도 될까요?
그동안 잘해 주셔서 고맙습니다.

Temple Stay – With monk

Monk	You are leaving soon? How was your stay at the temple?
Jacques	The monks were kind and helped me a lot, so I've been well.
Monk	What is the most memorable thing?
Jacques	Bowing was the most impressive. I almost fell during bowing 108 times, but I'll never forget it.
Monk	Really? Wasn't it hard during meditation yesterday?
Jacques	Actually, I almost fell asleep while meditating. But I was able to clear my mind.
Monk	It must have been hard to sit down for a long time. Then, walk down carefully.
Jacques	Monk, may I upload pictures and an introduction about this place on my twitter? Thank you for being nice to me.

Words and Expressions

- **절**   temple   **Ex.** 한국의 절은 경치 좋은 산 속에 많이 있습니다.
- **스님**   monk   **Ex.** 지난 주말에 절에서 스님과 많은 이야기를 나누었어요.
- **기억**   memory   **Ex.** 나쁜 기억은 잊고 좋은 기억만 생각하세요.
- **남다**   left   **Ex.** 한국 생활 중에서 가장 기억에 남는 일이 뭐예요?
- **인상적**   impressive   **Ex.** 저 친구의 자기소개가 아주 인상적이었어요.
- **넘어지다**   fall   **Ex.** 오늘 아침 계단을 내려오다가 넘어졌어요.
- **명상**   meditation   **Ex.** 명상을 하면 마음이 편해지는 것 같아요.
- **정리하다**   clear   **Ex.** 이삿짐을 정리하는 데 시간이 아주 많이 걸렸어요.
- **오래**   long time   **Ex.** 그 친구는 오래 전에 고향으로 갔어요.
- **앉다**   sit   **Ex.** 할머니, 여기에 앉으세요.
- **조심히**   carefully   **Ex.** 눈이 많이 오니까 조심히 운전하세요.
- **내려가다**   go down   **Ex.** 사람들이 많으니까 빨리 내려가지 말고 천천히 가세요.
- **트위터**   twitter   **Ex.** 요즘 유명한 연예인들도 트위터에서 팬들과 이야기를 합니다.
- **올리다**   upload   **Ex.** 제 홈페이지에 제주도 여행 사진을 올렸어요.

Pronunciation

 42

겹받침 2 Double final consonant 2

In Korean you do not pronounce both final consonants when there are twos, you choose one to pronounce. '갆, ㅈㅈ, ㅀ, ㄹㄱ, ㄹㅁ, ㄹㅂ, ㄹㅅ, ㄹㅌ, ㄹㅍ, ㅀ, ㅄ' in front of last syllable of a word or consonant are each pronounced the [ㄱ, ㄴ, ㄹ, ㅂ]. For example, '넋' is [넉], '앉다' as [안따], '짧다' as [짤따]. Exceptionally, '밟-' in front of a consonant is pronounced [밥]. Also, 'ㄹㄱ, ㄹㅁ, ㄹㅍ' in front of the last syllable of a word or consonant is pronounced [ㄱ, ㅁ, ㅂ]. For example, '읽기' is pronounced [일끼], but '읽다' is [익따], '읽습니다' as [익씀니다]. Furthermore, when 'ㅇ' comes after, the second final consonant of the 2 is read as lenis. For example, '읽어요' is read as [일거요] and '닭이' as [달기].

How should this be pronounced? Please read the below.

❶ 오래 <u>앉아</u> 있기가 힘드셨을 거예요.

❷ <u>많이</u> 도와 주셔서 잘 지내다가 갑니다.

❸ 시간이 있을 때 책을 <u>읽거나</u> 잠을 잡니다.

① 앉아 → [안자]

② 많이 → [마니]

③ 읽거나 → [일꺼나]

Grammar

1 –(으)시– honorific suffix

In Korean, honorific are used to elders, people of higher social position, strangers, or in formal places. When honoring the subject, add '–(으)시–' to the verb or adjective stem. In present tense it is normally '–(으)세요', in past tense '–(으)셨어요', in future tense '–(으)실 거예요'. However, there are verbs, nouns, and postposition particles that do not follow these rules and are used as special forms(Refer to table below). For '주다' verb, when honoring the subject, use '주시다' and when lowering yourself and honoring the object, use '드리다'. For example '할머니께서 나에게 선물을 주셨다 (Grandmother has given me a present)' is honoring the subject '할머니(Grandmother)' and '주셨다' is used. In '나는 할머니께 선물을 드렸다', it is lowering the subject '나' and honoring object the '할머니' and so is used '드렸다'.

Write the answer in the blank.

기본형	–(으)시–	–(으)세요	–(으)셨어요	–(으)실 거예요
가다	가시다	가세요	가셨어요	가실 거예요
읽다	읽으시다	읽으세요	읽으셨어요	읽으실 거예요
공부하다	공부하시다			
듣다	들으시다			
만들다	만드시다			
돕다	도우시다			
명사+이다	명사 (이)시다	가수(이)세요 선생님이세요	가수(이)셨어요 선생님이셨어요	가수(이)실 거예요 선생님이실 거예요
먹다	드시다 잡수시다	드세요 잡수세요	드셨어요 잡수셨어요	드실 거예요 잡수실 거예요
마시다	드시다			
자다	주무시다			
아프다	아프시다 편찮으시다			
죽다	돌아가시다			
주다	주시다 드리다			
있다	있으시다(to have) 계시다(to be)			
없다	없으시다 안 계시다			

Ex. 스님들이 **친절하시고** 많이 **도와 주셔서** 잘 지내다가 갑니다.

The monks were kind and helped a lot so I've been well.

아버지**께서는** 영어 선생님**이십니다.** My father is an English teacher.

사장님**께서** 아침마다 신문을 **읽으십니다.** The CEO always reads the newspaper every morning.

오늘은 우리 할머니 **생신**입니다. Today is my grandmother's birthday.

어버이날에 부모님**께** 무슨 선물을 **드려요?** What do you give as gifts to your parents on Parents Day?

2 –다가 while V-ing

Easy | Normal | **Hard**

Expression to show stopping an action while it was continuing and starting another action or changing to another event. In past tense '–았/었다가' is used to show the start of another action after an action is completely finished. For example, '학교에 가다가 친구를 만났다' means you met your friend on your way to school, and '학교에 갔다가 친구를 만났다' means you met your friend after going to school. You can omit '가' and just use '–다'.

Infinitive form	–다가	–았/었다가
가다	가다 + 다가 → 가다가	갔어요 + 다가 — 갔다가
먹다	먹다 + 다가 → 먹다가	먹었어요 + 다가 — 먹었다가
공부하다	공부하다 + 다가 → 공부하다가	공부했어요 + 다가 — 공부했다가
듣다	듣다 + 다가 → 듣다가	들었어요 + 다가 — 들었다가
만들다	만들다 + 다가 → 만들다가	만들었어요 + 다가 → 만들었다가
돕다	돕다 + 다가 → 돕다가	도왔어요 + 다가 → 도왔다가

Ex. 길을 **건너다가** 넘어질 뻔했어요. I almost fell while walking across the road.

책을 **읽다가** 잠이 들었어요. I fell asleep while reading the book.

모자를 **썼다가** 더워서 벗었어요. I took my hat off after I put it on because it was too hot.

데이트 나가기 전에 옷을 몇 번이나 **입었다 벗었다** 했어요.

I put on and took off my clothes many times before going out for the date.

Grammar

3 –(으)ㄹ 뻔하다 nearly, almost do -

Combined with a verb to show something has gone to the situation right before an event has occurred. It is used when something could have happened but luckily did not. For example, '길을 건너다가 넘어질 뻔했어요' means one did not fall but could have. For verb stems ending in vowels and 'ㄹ' use 'ㄹ 뻔하다' and for consonants except 'ㄹ' use '을 뻔하다'. Often used with '하마터면' in front of the phrase.

Infinitive form	–ㄹ 뻔하다	Infinitive form	–을 뻔하다
가다	가다 + ㄹ 뻔하다 → 갈 뻔하다	먹다	먹다 + 을 뻔하다 → 먹을 뻔하다
잊어버리다	잊어버리다 + ㄹ 뻔하다 → 잊어버릴 뻔하다	읽다	읽다 + 을 뻔하다 → 읽을 뻔하다
하다	전화하다 + ㄹ 뻔하다 → 전화할 뻔하다	*듣다	듣다 + 을 뻔하다 → 들을 뻔하다
*울다	울다 + ㄹ 뻔하다 → 울 뻔하다	*짓다	짓다 + 을 뻔하다 → 지을 뻔하다
*살다	살다 + ㄹ 뻔하다 → 살 뻔하다	*돕다	돕다 + 을 뻔하다 → 도울 뻔하다

Ex. 명상하다가 **잘 뻔했어요**. I almost fell asleep during meditation.

108번 절을 하다가 **넘어질 뻔했지만** 정말 못 잊을 거예요.

I almost fell while bowing 108 times, but I'll never forget it.

아침에 늦잠을 자서 서두르다가 열쇠를 놓고 **나올 뻔했어요**.

Due to sleeping in, I was rushing out and almost left my keys.

하마터면 상한 음식을 **먹을 뻔했어요**. I almost ate rotten food.

1. As '–(으)ㄹ 뻔하다' tells about the events in the past, it is always said in the form of '–(으)ㄹ 뻔했다'.

2. '–(으)ㄹ 뻔하다' is often used as idiomatic expressions with 'neck' and 'eyes'. For example, my neck almost fell off while waiting for a friend or my eyes almost fell out because I used the computer for too long. Here, 'neck almost fell off' means the speaker has waited long enough for the neck to fall off and 'eyes almost fell out' emphasizes that the eyes hurt as if they would fall out due to long hours of working on the computer. Also 'dead' is used with a verb to emphasize the meaning. For example '배가 고파 죽을 뻔했어' (= I was very hungry) and '졸려 죽을 뻔했어' (= too sleepy).

4 −기 *nominalizer*

Added to a verb or adjective stem to make a noun form. It can be used as a noun alone such as '절하기', '말하기', '읽기', but there are many expressions that are used together such as '−기(가) 쉽다/어렵다/좋다/싫다/나쁘다/재미있다/재미없다/편하다/불편하다/힘들다', '−기(를) 좋아하다/싫어하다/바라다/원하다/시작하다/끝내다/그만두다', and '−기(에) 좋다/나쁘다'.

> Ex. **절하기**가 제일 인상적이었어요. Bowing was the most impressive.
>
> 오래 앉아 **있기**가 힘드셨을 거예요. It must be hard sitting down for a long time.
>
> 저는 한국어 **말하기, 듣기, 읽기, 쓰기** 중에서 **쓰기**가 제일 어려워요.
> I find writing the hardest in Korean among speaking, listening, reading, and writing.
>
> 제 취미는 **사진 찍기**라서 주말마다 사진을 찍으러 나가요.
> My hobby is taking pictures, so I go out to take pictures every weekend.

When speaking of hobbies, this expression is often used.

> Ex. A: 취미가 뭐예요? What's your hobby?
>
> B: 제 취미는 ______ 예요. My hobby is ____________.
>
> → 영화 보기, 음악 듣기, 책 읽기, 춤추기 etc.

할아버지의 취미

우리 할아버지는 현재 연세가 일흔 다섯이십니다.

등산을 아주 좋아하시지만 작년에 산에서 내려오시다가 한 번 넘어져서 크게 다칠 뻔 하셨습니다. 그 후에는 다른 취미를 찾으셨습니다. 인터넷으로 장기 두기와 좋은 말씀 듣기입니다. 인터넷 장기는 처음에는 잘 못하셔  서 제가 옆에서 도와드렸는데 지금은 혼자서도 잘 하십니다. 그리고 우리 할아버지는 종교는 따로 없으시지만 좋은 말씀 듣기를 좋아하십니다. 인터넷으로 유명한 스님이나 목사님의 말씀을 찾아 들으십니다.

또한 인터넷으로 정보 검색도 하시고, 책도 사십니다.

우리 할아버지는 신세대 할아버지십니다.

New Words

현재 present	**두다** play	**정보 검색** search for information
내려오다 come down	**혼자** alone	**신세대** new generation
다치다 get hurt	**따로** separately	
장기 Korean chess	**목사님** pastor	

다음 질문에 답하십시오.

1. 할아버지의 연세가 어떻게 되십니까?
2. 할아버지는 요즘 왜 등산을 안 하십니까?
3. 할아버지의 새 취미는 무엇입니까?
4. 할아버지는 왜 신세대 할아버지십니까?
5. 여러분 가족의 취미는 무엇입니까?

몇 살입니까? = 연세가 어떻게 되십니까? How old are you?
이름이 무엇입니까? = 성함이 어떻게 되십니까? What is your name?
When asking, "어떻게 되십니까?" is much more preferred than straight-forward "무엇입니까?".

Additional Vocabulary

종교 Religion

기독교(개신교/천주교) Christian (Protestant/Catholic)		불교 Buddhism
이슬람교 Islamic	유교 Confucianism	교회 church
성당 Catholic church	절 temple	사원 mosque
목사 pastor	신부 priest	스님 monk
수녀 nun	성경 the Bible	
불경 the Buddhist Scriptures	코란(이슬람 경전) the Koran	
예배를 드리다 have a service	기도하다 pray	절하다 bow
찬송하다 to sing songs of praise		명상하다 meditate
헌금하다 offering	시주하다 offering (at the temple)	

● Vocabulary and Expressions

1. 다음 그림을 보고 '-기'를 사용하여 대화를 완성하십시오.

1
A : 어때요? 이제 절을 잘 할 수 있겠어요?
B : 네, 그런데 여러 번 ______________가 쉽지 않네요.

2
A : 이 식당 어때요? 음식이 맛있어 보이지요?
B : 네, 음식은 맛있을 거 같은데 바닥에 ______________가 힘드네요.

3
A : 요즘 중국어 배우고 있지요? 잘 하고 있어요?
B : 저는 말하기는 괜찮은데 ______________는 너무 어려워요.

2. 다음 문장을 읽고 밑줄 친 것이 맞으면 O, 틀리면 X를 하고 틀린 것을 맞게 고치십시오.

1 김치에 소금을 안 넣어서 김치를 <u>만들 뻔했어요.</u> (   )

→ ________________________________.

2 비행기 시간을 잘 못 알아서 비행기를 <u>못 탈 뻔했어요.</u> (   )

→ ________________________________.

3 어제 학교에 <u>갔다가</u> 버스에서 친구를 만났어요. (   )

→ ________________________________.

4 숙제를 <u>하다가</u> 친구 전화를 받고 나갔어요. (   )

→ ________________________________.

3. 다음을 읽고 높임말을 사용해서 같은 내용으로 빈칸을 채우십시오.

> 제 동생은 미국에서 공부해요. 그런데 방학이라서 한국에 왔어요. 어제는 동생 생일이었어요. 그래서 동생에게 선물과 카드를 줬어요. 동생이 아주 기뻐했어요.

⇩

> 제 삼촌은 미국에서 ____________. 그런데 방학이라서 한국에 ____________.
> 어제는 삼촌 ____________이었어요. 그래서 삼촌 ____________선물과 카드를
> ____________. 삼촌이 아주 ____________.

● Listening

4. 다음을 듣고 물음에 답하십시오. 43

1 두 사람은 무엇에 대해 이야기하고 있는지 고르십시오.

① 한국 여행　　② 한국 놀이　　③ 한국 음식　　④ 한국 사람

2 대화의 내용과 <u>다른</u> 것을 고르십시오.

① 여자는 자크를 많이 기다렸습니다.

② 자크는 한국에 다시 가고 싶습니다.

③ 자크는 옛날 놀이가 참 재미있었습니다.

④ 자크는 한국에서 어려운 일이 많았습니다.

5. 다음을 듣고 대화의 내용과 같은 것을 고르십시오. 44

① 여자는 고향에 잘 도착했습니다.

② 여자는 어제 비행기를 못 탔습니다.

③ 남자는 어제 여자의 부모님을 보지 못했습니다.

④ 남자의 부모님은 비행기 시간을 잘못 아셨습니다.

6. 다음을 잘 읽고 무엇에 대한 글인지 고르십시오.

> 자, 허리를 펴고 의자에 천천히 앉았다가 일어났다가를 5번 반복하세요. 다음은 의자에 앉은 다음에 다리를 죽 폈다가 5초 후 내리세요. 5번 반복하세요.

① 운동 회원 모집　　　　　　　② 운동 방법 소개

③ 운동 시간 안내　　　　　　　④ 운동 장소 안내

7. 다음을 잘 읽고 물음에 답하십시오.

탈 만들기 교실

한국 문화에 관심이 있습니까? 탈을 만들러 오세요.
탈춤도 배울 수 있습니다.

- 시간 : 매주 토요일 오전 10:00~12:00
- 장소 : 민속 박물관 지하 1층 201호
- 수강료 : 무료 (만들기 재료비 5,000원 필요함)
- 수강 신청 : 이메일이나 전화로 예약하기 바람 (02-3704-3104, folkmuseum@mail.com)

1 이 글은 무엇에 대한 내용입니까?

① 탈 소개　　　　　　　　　　② 박물관 안내

③ 우리 교실 소개　　　　　　　④ 문화 수업 안내

2 이 글의 내용과 <u>다른</u> 것은 무엇입니까?

① 이 수업은 토요일마다 있습니다.

② 이 수업을 들으려면 예약해야 합니다.

③ 이 교실에 오면 탈춤도 출 수 있습니다.

④ 이 수업에 올 때 돈을 안 가져와도 됩니다.

8. 다음을 잘 읽고 물음에 답하십시오.

(   )

　얼마 전 라디오에서 나오는 팝송(Pop song)을 듣다가 눈물을 흘릴 뻔했습니다. 첫사랑이 생각났기 때문입니다. 나의 첫사랑은 고등학교 때 영어 선생님이었습니다. 선생님은 키가 별로 크지 않으시고 조용한 분이셨습니다. 수업 때마다 낮은 목소리로 영어를 읽으시고 기분이 좋으실 때는 가끔 팝송도 부르셨습니다. 많은 학생들이 그 선생님을 좋아했습니다. 그렇지만 그 선생님은 제가 졸업하고 5년 후 교통사고로 돌아가셨습니다. 지금도 가끔 그 선생님을 생각하면 슬픕니다.

1 이 글에 알맞은 제목을 고르십시오.

　① 나의 첫사랑　　　　　　　　　　② 인기 있는 선생님

　③ 내가 좋아하는 노래　　　　　　　④ 조용한 영어 선생님

2 이 글의 내용과 같은 것을 고르십시오.

　① 영어 선생님은 키가 아주 크셨습니다.

　② 나의 첫사랑은 지금 만날 수 없습니다.

　③ 저는 라디오를 듣다가 눈물을 흘렸습니다.

　④ 영어 선생님은 수업마다 노래를 부르셨습니다.

9. 제시된 표현을 순서대로 모두 사용해 한 문장으로 쓰십시오.

1 길을 잃어버리다 / 친구 집에 못 가다

   ⇨ ____ .

2 길이 미끄럽다 / 뛰어가다 / 넘어지다

   ⇨ ____ .

10. 밑줄 친 부분을 잘못 바꾸어 쓴 것을 고르고 문장을 알맞게 고치십시오.

> ① 제가 만난 게스트하우스 주인 아저씨는 참 재미있는 분이셨습니다. ② 아침마다 식사 하면서 한국의 역사 이야기를 해 주셨습니다. ③ 그 이야기가 정말 재미있어서 아저씨 이야기를 듣다가 약속에 늦을 뻔한 적도 있습니다. ④ 그 이야기 때문에 아침 식사를 꼭 먹지 않았습니다.

11. 여러분의 할아버지와 할머니는 어떤 분이십니까? 무엇을 좋아하십니까? 여러분의 할머니나 할아버지를 소개해 보십시오.

Self-Assessment

Chapter 11 is finished. Did you understand everything? Check the questions below.

Question	Self-Assessment				
	No ----------- Yes				
1. Can you use honorifics?	1	2	3	4	5
2. Can you use '-기' in your conversation?	1	2	3	4	5
3. Do you know the meaning of '-다가' and use it correctly?	1	2	3	4	5
4. Do you know the meaning of '-(으)ㄹ 뻔하다' and use it correctly?	1	2	3	4	5

Culture

A temple stay is staying in a Korean traditional Buddhist temple for a day or two and experiencing the temple life. It is also called a 'mountain temple experience'.

Through a temple stay, you can experience the mind and spirit of Buddhism, the Korean traditional religion, and have time to reflect on yourself. Because you are spending time in nature, you can think about the harmony of people and nature. Recently in Korea, temple stays have become popular among locals and foreigners, as you can escape busy daily life and have rest and time alone.

At a temple stay, you can experience elements of a monk's life such as balwoogongyang, Buddhist services, Zen meditation, 108 bows, and silence asceticism. Balwoogongyang refers to the monk's meal, in which monks put the amount of food they can eat in a bowl and eat it without any leftovers. You can experience temple food through balwoogongyang. A Buddhist service is worshipping Buddha, and Zen meditation is a fulfillment method to understand the Buddha's teachings by yourself. '108 bows' is bowing 108 times to control the 108 types of anxieties and empty your mind. Silence asceticism is practicing asceticism through silence. Beside these, there are many experience programs such as making lotus lanterns, Buddhist prayer, tea ceremonies, and so on. Recently, the varieties of temple stay are increasing and include simply resting in the temple.

Korean traditional Buddhist temples are usually in a place where there is beautiful scenery like mountains or water. Spending a day or two there will be a good chance to not only have a spiritual experience through self-reflection, but also to enjoy the beautiful scenery of Korea.

Temple Stay introduction and reservations (http://www.templestay.com/)

한국에 와서 한국을 많이 알게 되었어요

I've learned a lot about Korea since coming to Korea.

After learning chapter 12

> You will be able to speak of a change in action due to a cause.
> You will be able to tell your feelings or thoughts.

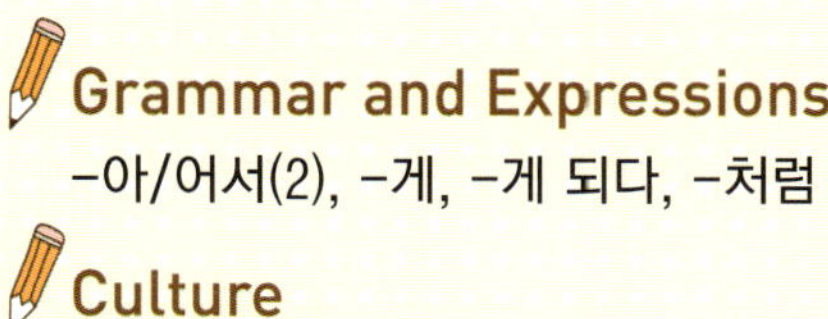 **Grammar and Expressions**
-아/어서(2), -게, -게 되다, -처럼

Culture
한국의 정 Korea's affection

Dialogue

Jacques, invited to Yumi's house, is eating with Yumi's parents. He is talking about his thoughts on coming to Korea.

친구(유미) 집에서–유미의 가족과

유미의 어머니	어서 와요. 편하게 앉아요.
자크	초대해 주셔서 고맙습니다. 잘 먹겠습니다.
유미의 아버지	많이 먹어요. 한국 음식이 입에 맞아요?
자크	네, 정말 맛있어요. 어머니 요리 솜씨가 참 좋으세요.
유미의 어머니	고마워요. 자크 씨, 한국에서 구경 많이 했어요? 재미있게 지냈어요?
자크	네, 소녀시대 팬미팅도 가고, 템플스테이도 해 봤어요. 유미 씨와 만나서 창경궁에도 갔다 왔고요.
유미의 아버지	내일 프랑스에 돌아가지요? 소감이 어때요?
자크	한국에 와서 한국을 많이 알게 되었어요. 한국말을 더 열심히 공부해서 한국 사람처럼 잘 하고 싶어요. 그리고 또 한국에 오고 싶어요.

At friend(Yumi)'s house – With Yumi's family

Mother　Welcome. Sit down comfortably.

Jacques　Thank you for inviting me. Thank you for the food.

Father　Help yourself. Does Korean food suit you well?

Jacques　Yes, it's really delicious. Your cooking skills are very good.

Mother　Thank you. Jacques, did you see a lot in Korea? You had fun?

Jacques　Yes, I went to a Girl's Generation fan meeting and experienced a temple stay. I met Yumi and went to Changgyeonggung.

Father　You return to France tomorrow? What are your thoughts?

Jacques　I've learned a lot about Korea since coming here. I would like to study Korean harder to speak as well as a Korean. Then, I want to come back to Korea.

- ☐ **가족** family **Ex.** 우리 가족은 모두 영국에서 살고 저만 독일에서 살아요.
- ☐ **편하게** comfortably **Ex.** 게스트하우스에서 정말 편하게 지냈어요.
- ☐ **입** mouth **Ex.** 입이 정말 작네요.
- ☐ **입에 맞다** to suit one's taste **Ex.** 하숙집 아주머니 음식이 입에 아주 잘 맞아요.
- ☐ **솜씨** skill **Ex.** 제 아내는 요리 솜씨가 정말 좋아서 저는 매일 맛있는 음식을 먹어요.
- ☐ **재미있게** fun **Ex.** 한국에 있는 동안 재미있게 지냈어요.
- ☐ **돌아가다** return **Ex.** 언제 일본으로 돌아가요?
- ☐ **소감** thoughts **Ex.** 영화를 본 소감을 홈페이지에 올렸어요.

Pronunciation  46

[고요]와 [구요] [고요] and [구요]

'-고요' should be pronounced [고요], but most Koreans pronounce it [구요] these days. However, the standard pronunciation is [고요]. This is an example of vowel harmony state. Vowel harmony state is a state where positive vowels (ㅏ / ㅑ / ㅗ / ㅛ / ㅘ) are pronounced in harmony with positive vowels and negative vowels (ㅓ / ㅕ / ㅜ / ㅠ / ㅝ) with negative vowels.

How should this be pronounced? Please read the below.

❶ 창경궁에도 갔다 왔고요.　　　① 왔고요 → [와꼬요/와꾸요]

❷ 그 말이 맞고요.　　　② 맞고요 → [맏고요 → 마꼬요/마꾸요]

Grammar

1 −아/어서(2) and(then)

Combined with a verb to show that an action is happening with the flow of time. The verb combined with '−아/어서' represents the action that occurred first in the sentence. Also, it shows continuance of an action or condition. (refer to book 1, chapter 10 for forms)

Ex. 유미 씨와 **만나서** 창경궁에도 갔다 왔고요. I met yumi and went to Changgyeonggung.

여기에 **앉아서** 조금만 기다리세요. Sit here and wait a minute.

한국 친구에게 편지를 **써서** 부쳤어요. I wrote a letter and sent it to a Korean friend.

이 책들을 **정리해서** 책꽂이에 꽂으세요. Organize these books and put them on the shelf.

1. Comparing '−아/어서' and '−고'

   When '−아/어서' shows the before and after in time, you can use '−고' instead, but the meaning is slightly different. '−고' simply states which comes before and after in time and so the before and after verbs can be understood as separate actions, but normally for '−아/어서', the verbs are understood to be related actions.

   Ex. 친구를 **만나고** 학교에 갔다. → 친구를 만난 다음에 학교에 갔다. 그 친구와 학교에 같이 갔는지 가지 않았는지는 알 수 없다.

   I met a friend and then went to school. → Speaker met a friend, and after that speaker went to school. Whether speaker went to school together with the friend is unknown.

   친구를 **만나서** 학교에 갔다. → 친구를 만난 다음에 그 친구와 같이 학교에 갔다.

   I went to school with a friend → Speaker met a friend and went to the school with that friend.

2. '−고', '−아/어서', '−(으)ㄴ/는데', '−(으)니까' can be used with '요' to show a meaning of finishing.

   Ex. 예쁘고요. / 예뻐서요. / 예쁜데요. / 에쁘니까요.

2 −게 -ly, adverbial ending

Combined with a adjective stem to make an adverb. Shows the objective, expectation, result, limit, or way of the subject coming after it.

Ex. **편하게** 앉아요. Sit comfortably.

안 들리니까 **들리게** 큰 소리로 말해 주세요. Speak loudly since I can't hear you.

날씨가 더워서 머리를 **짧게** 잘랐어요. I cut my hair short because it is hot.

제 동생은 정말 **귀엽게** 생겼어요. My little sister really looks cute.

3 **–게 되다** become to V

Used to show that the situation has changed (acting in certain away or stay in a certain state) due to an environmental factor or condition, not due to subject's will or purpose.

Infinitive form	–게 되다
가다	가다 + 게 되다 → 가게 되다
먹다	먹다 + 게 되다 → 먹게 되다
사랑하다	사랑하다 + 게 되다 → 사랑하게 되다
듣다	듣다 + 게 되다 → 듣게 되다
살다	살다 + 게 되다 → 살게 되다
돕다	돕다 + 게 되다 → 돕게 되다

Ex. 한국에 와서 한국을 **알게 되었어요**. I've learned about Korea since coming to Korea

다음 주에 파리로 출장을 **가게 되었어요**. I am to go to Paris on a business trip next week.

열심히 연습하면 한국말을 잘 **하게 돼요**. You will be able to speak Korean well if you practice a lot.

이제 매운 음식도 잘 **먹게 되었어요**. I can eat spicy food well now.

4 **–처럼** like

Shows an object in comparison or figure of speech. Used combined with a noun.

Ex. 한국말을 더 열심히 공부해서 한국 사람**처럼** 잘 하고 싶어요.

I would like to study Korean harder to speak as well as a Korean.

집이 운동장**처럼** 아주 넓어요. The house is as big as like a sports field.

제 남자친구는 배우**처럼** 잘 생겼어요. My boyfriend is as handsome as an actor.

선생님은 저에게 부모님**처럼** 따뜻하게 대해 주세요.

Teacher, you have treated me as warmly as my parents.

'처럼' can be changed to '–같이'.

Ex. 제 동생은 인형**처럼** 예뻐요. My little sister is as pretty as a doll

제 동생은 인형**같이** 예뻐요. My little sister is as pretty as a doll.

각 나라의 선물 문화

각 나라마다 선물 문화가 다릅니다. 한국에서는 이사한 친구 집에 갈 때 시계를 많이 선물합니다. 그런데 중국과 홍콩에서는 시계가 죽음을 의미하기 때문에 시계 선물은 하지 않는 게 좋습니다. 미국도 죽음을 의미하는 꽃, 백합을 선물로 주지 않습니다. 독일은 꽃을 선물할 때 열 세 송이는 피해야 합니다. 프랑스에서는 사랑하는 사람이 아니면 빨간 장미를 선물하지 않습니다. 영국은 집으로 초대를 하면 집주인이 케이크를 준비하는 경우가 많습니다. 그래서 다른 집에 갈 때 보통 선물로 케이크를 가져가지 않습니다. 일본, 브라질, 멕시코에서는 칼을 선물로 주지 않습니다. 이런 것을 잘 알게 되면 다른 나라 친구 집에 갈 때 실수하는 일이 없을 것입니다.

New Words

홍콩 Hong Kong
죽음 death
의미하다 to mean
백합 lily

피하다 to avoid
집주인 host
영국 England
케이크 cake

브라질 Brazil
멕시코 Mexico
칼 knife
실수하다 to make a mistake

다음 질문에 답하십시오.

1 이 글의 내용과 같으면 O, 다르면 X 하십시오.

1) 각 나라마다 선물의 의미가 같습니다. (   )

2) 홍콩도 중국처럼 시계는 죽음을 의미합니다. (   )

3) 영국에서는 다른 집에 갈 때 케이크 선물을 준비합니다. (   )

4) 선물 문화를 알게 되면 실수를 적게 할 것입니다. (   )

2 여러분의 나라에서는 다른 사람에게 선물하면 안 되는 것들이 있습니까? 한번 써 보십시오.

부사 2 Adverb 2

깨끗하게 clean   길게 lengthways   짧게 short

멋있게 nicely   예쁘게 prettily   쉽게 easily

즐겁게 merrily   행복하게 happily   신나게 cheerfully

짜증나게 annoyingly   어렵게 with difficulty   바쁘게 busily

편하게 comfortably   드겁게 hot   차갑게 coldly

맵게 spicy   짜게 salty   달게 sweet

싱겁게 bland   닷있게 deliciously

● Vocabulary and Expressions

1. '-게 되다'를 사용하여 문장을 만드십시오.

1 A : 어떻게 한국어를 _______________________?

　 B : 한국 드라마와 가요를 좋아해서 한국어 공부를 시작했어요.

2 A : 원피스를 좋아하세요? 매일 원피스만 입네요.

　 B : 네, 살이 찌고 나서는 원피스가 좋아져서 계속 원피스만 _______________________.

3 A : 어떻게 한국 역사에 대해서 그렇게 잘 알고 있어요?

　 B : 친구의 전공이 동양 역사인데 그 중에서 한국 역사에 제일 관심이 많아요. 저도 그 친구에게서
　　　 한국 역사 이야기를 많이 듣고 한국 역사를 _______________________.

2. 다음의 문장을 읽고 밑줄 친 것이 맞으면 O, 틀리면 X를 하고 틀린 것을 맞게 고치십시오.

1 <u>다치지 않게 돼서</u> 조심하십시오. (　　　)

　 → ____.

2 존은 <u>가수처럼</u> 노래를 잘 불러요. (　　　)

　 → ____.

3 감기에 <u>걸리게</u> 옷을 따뜻하게 입으세요. (　　　)

　 → ____.

4 여기에 <u>앉아서</u> 편하게 기다리세요. (　　　)

　 → ____.

3. 무엇이 맞습니까? 알맞은 것을 고르십시오.

1 도서관에 가요. 그리고 책을 빌려요.

→ 도서관에 (가서/가고) 책을 빌려요.

2 친구한테 전화했어요. 그리고 숙제를 물어봤어요.

→ 친구한테 (전화해서/전화하고) 숙제를 물어봤어요.

3 침대에 누워요. 그리고 화상채팅을 해요.

→ 침대에 (누워서/눕고) 화상채팅을 해요.

4 일요일에 청소를 해요. 그리고 잠을 잤어요.

→ 일요일에 청소를 (해서/하고) 잠을 잤어요.

● **Listening**

4. 다음을 듣고 물음에 답하십시오. 47

1 여기는 어디인지 고르십시오.

① 옷가게　　　　② 미용실　　　　③ 목욕탕　　　　④ 사무실

2 대화의 내용과 같은 것을 고르십시오.

① 여자는 머리를 자르러 갔습니다.

② 여자는 앞머리 손질을 좋아합니다.

③ 여자는 염색을 할까 생각 중입니다.

④ 여자는 머리를 짧게 자르고 싶습니다.

5. 다음을 듣고 내용과 <u>다른</u> 것을 고르십시오. 48

① 이은영은 5월에 결혼할 겁니다.

② 이은영은 소개팅을 해서 남자를 만났습니다.

③ 이은영은 어제 남자에게 프러포즈를 받았습니다.

④ 이은영은 외모 때문에 남자를 사랑하게 되었습니다.

6. 다음을 읽고 글의 내용과 같은 것을 고르십시오.

> 어제 친구와 같이 영화관에 가서 영화를 봤습니다. 어머니와 딸의 이야기였는데 영화를 보면서 제 어머니 생각을 많이 하게 되었습니다. 영화 주인공처럼 항상 제 생각만 하고 어머니께 화를 낸 것이 죄송했습니다. 영화 때문에 어머니의 마음을 더 잘 이해하게 되었습니다.

① 저는 오늘 어머니와 함께 영화를 봤습니다.

② 저는 영화를 보고 나서 어머니를 이해했습니다.

③ 저는 영화 주인공처럼 어머니 말을 잘 듣습니다.

④ 저는 영화를 보기 전에 어머니 생각을 했습니다.

7. 다음을 읽고 물음에 답하십시오.

> 지훈 씨는 친구와 함께 배낭여행을 가기로 했습니다. (㉠) 배낭여행을 가려면 돈이 필요해서 지난 방학에 식당에서 아르바이트를 했습니다. 아르바이트 중에서 돈을 제일 많이 주는 아르바이트였습니다. 매일 오후 6시부터 새벽 1시까지 식당에서 일했습니다. 주문을 받고, 음식을 날랐습니다. 끝나고 정리하고, 청소도 했습니다. 한 달 동안 일을 하고 첫 월급을 받았습니다. 일이 많이 힘들었지만 돈도 벌고 좋은 경험도 하게 되어서 기분은 좋았습니다.

1 ㉠에 들어갈 알맞은 말을 고르십시오.

① 그리고　　　　② 그런데　　　　③ 그래서　　　　④ 그러면

2 이 글의 내용과 같은 것을 고르십시오.

① 지훈 씨는 다섯 시간 동안 일을 합니다.

② 지훈 씨는 돈을 받고 일을 시작했습니다.

③ 지훈 씨는 이번 방학에 아르바이트를 하게 되었습니다.

④ 지훈 씨는 배낭여행을 가려고 식당에서 일을 했습니다.

8. 다음을 읽고 글의 내용과 같은 것을 고르십시오.

> 저는 앞을 볼 수 없습니다. 5년 전 갑자기 양쪽 눈의 시력을 모두 잃어버렸습니다. 대학도 포기하고 삶도 포기하고 싶었습니다. 앞을 볼 수 없는 어둠처럼 제 인생도 어둠만 있는 것 같았습니다. 아무 것도 할 수 없고, 그냥 사는 것이 가장 힘들었습니다. 그리고 3년 전 어느 날 우연히 '수영'을 하게되었습니다.. 처음에는 힘들었지만 수영은 정말 재미있었습니다. 앞은 보이지 않았지만 물 안에 있는 시간이 가장 행복했습니다. 수영을 하면 앞이 보이는 것 같은 기분이었습니다. 그리고 지금 저는 장애인 국가대표 수영선수가 되었습니다. 저는 앞으로 돌고래처럼 자유롭고 멋있게 헤엄치는 수영선수가 되고 싶습니다.

① 저는 수영을 하면서 다쳤습니다.

② 저는 어릴 때부터 수영을 잘 했습니다.

③ 저는 수영 때문에 사는 것이 전보다 더 힘듭니다.

④ 저는 수영을 시작해서 새로운 삶을 살고 있습니다.

9. 제시된 표현을 순서대로 모두 사용해 한 문장으로 쓰십시오.

① 한국에 가다 / 생활하다 / 한국의 문화를 이해하다

⇨ ____ .

② 학생들을 만나다 / 이야기하다 / 학생들의 마음을 알다

⇨ ____ .

10. 한국어를 공부하기 전과 공부한 후에 무엇이 다릅니까? 어떤 변화가 있습니까? 한국어 공부 후의 이야기를 쓰십시오.

Chapter 12 is finished. Did you understand everything? Check the questions below.

Question	Self-Assessment No ------------ Yes				
1. Can you use '-게 되다' to explain change?	1	2	3	4	5
2. Can you use will adjective and '-게' to express method or purpose?	1	2	3	4	5
3. Can you correctly use '아/어서' and '-처럼'?	1	2	3	4	5
4. Can you admire something and express it well?	1	2	3	4	5

Culture

Korean culture is often called a culture of affection, and they say Koreans are connected by strong affection.

'정' is a word used for diverse human relationship such as between married couples, fathers and sons, friends, and coworkers in today's society. It is not only used as words from '인정' to '모정', '부정', '우정', it is also used in expressions related to affection such as '정답다', '정겹다', '정들다(나다)', '정붙다', '정떼다', '정을 주다/받다', '정이 무섭다', '정 떨어지다', '정든 고향', '정이 많은 사람'. Also there are situations such as '미운 정' and '고운 정'. They say Korean married couples 'live because of affection (정 때문에 산다)' and say the reason you feel sad about goodbyes is that you are attached (정 들다). Like these examples, '정' is not a word that can be separated from life in Korea. Affection, a feeling that cannot be described by a word like love, is located deeply inside Koreans. Its uniqueness, more than love, is friendly and familiar, and it is a compound of the love and hate feelings of being good, taking care, but sometimes being so close that you fight and get hurt in the relationships you have with others. To sum up, it is the feeling that flows out of 'the relationship between us'.

Affection in our country can be found in the old past. When farming did not go well and the people were starving, the government provided soup, and in that soup there was a lot of water. Although with too much water the soup would not taste as good, more people would be able to share it. '두레(farmer's cooperative group)' or '품앗이(exchange work)' are words through which you can feel affection. Also, when buying side dish ingredients and fruits at a market, you can find affection in the extra you receive. You can experience Korean affection in Korean traditional restaurants. The reason why people can put one bowl soup on the table and share it is because they have affection.

It isn't easy to understand Korean '정' through words. It would be more meaningful to live with Koreans and experience it naturally.

Come to Korea and experience Korean affection!

지금부터 반말로 이야기 하자

Let's talk using the intimate style from now on.

After learning chapter 13

> You will be able to speak the intimate style.
> You will be able to use predicative sentence ending which is used in newspaper, reports, books.

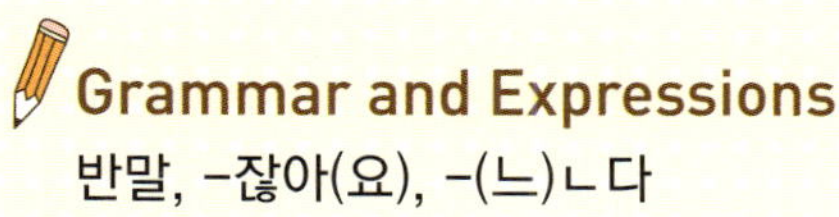 **Grammar and Expressions**

반말, –잖아(요), –(느)ㄴ다

 **Culture**

K-pop, 이제 음악은 '한국 스타일' K-pop, now the music is 'Korean Style'

Yumi and Jacques meet at a chat room and have a conversation. It seems that they have become very intimate now.

채팅 – 프랑스로 돌아와서

자크   유미 씨, 저 잘 도착했어요. 잘 지냈어요?

유미   어. 우리 이제 반말하기로 했잖아. 지금부터 반말로 이야기하자.

자크   좋아. 나는 도착하고 나서 며칠 동안 잠만 잤어.

유미   그랬구나. 시간이 참 빨리 지나갔지?

자크   응, 꿈을 꾼 것 같아. 아, 어머니께서 만들어 주신 음식 정말 맛있었어. 또 먹고 싶다.

유미   어머니께 전해 드릴게. 아마 아주 좋아하실 거야.

자크   아, 아까 한국에서 찍은 사진을 정리하다가 생각했는데, 한국을 소개하는 블로그를 만들어 보려고. 그래서 친구들에게 한국에 대해 알리고 싶어.

유미   와~ 좋은 생각이다. 블로그를 만들면 나한테도 꼭 알려줘. 또 봐.

Yumi, I arrived safely. Is everything going well?

Yeah. We've already decided to use intimate style. Let's talk using the intimate style from now on.

OK. I've slept for days since I arrived.

I see. The time has passed really quickly, hasn't it?

Yes, it feels like I was dreaming. Oh, the food your mother cooked for me was really delicious. I want to eat it again.

I will tell my mother. She will be pleased.

Oh, I came up with an idea while organizing pictures taken in Korea. I'm planning to make a blog introducing Korea. So I'd like to let my friends know about Korea.

Wow~ that's a good idea. Please make sure you let me know when you make the blog. See you.

☐ **반말**   intimate style   **Ex.** 반말을 배우고 나서 한국 친구와 반말로 이야기했어요.

☐ **꿈을 꾸다**   to have a dream   **Ex.** 어제 밤에 무서운 꿈을 꿨어요.

Pronunciation  50

한국어의 억양 Intonation of Korean

In case of the intimate style of Korean, the sentence type is determined by intonation (high and low pitch), while forms are identical.

How should this be pronounced? Please read the below.

❶ 집에 가.   : 평서문 Declarative sentence (의미: I am going home.)

❷ 집에 가?   : 의문문 Interrogative sentence (의미: Are you going home?)

❸ 집에 가!   : 명령문 Imperative sentence (의미: Go home.)

❹ 집에 가(자).   : 청유문 Propositive sentence (의미: Let's go home.)

Grammar

1 **반말** intimate style, half-talk style   Easy **Normal** Hard

The intimate style is used between close friends, close seniors and juniors, or family members. It can be considered an impolite behavior to use the intimate style to a person not familiar even if the person is younger than you because it is less respectful than '–아/어요'. Mostly the form omitting '요' from '–아/어요' is used, but it can vary according to the sentence types.

① Declarative sentence & Interrogative sentence: Both the present and past tense form are formed by omitting '요' is from '–아/어요' and '–았/었어요' respectively. The future tense form is made by adding '–(으)ㄹ 거야' to stems. In the case of 'Noun+이다,' the present tense form is '–이야/야,' and the past is '–이었어/였어.' '–이야' is used if the Noun ends with a consonant, and '–야' if it ends with a vowel. In the case of '아니다', the present tense form is '아니야', and the past is '아니었어'. '–아/어?' can be used to a close senior, although '–니?' cannot be used to a senior but to an intimate junior.

> **Ex.** 어디 **가**? – 도서관에 **가**. Where are you going? – I'm going to the library.
>
> 점심 뭐 먹었**어**? – 라면 먹었**어**. What did you eat for lunch? – I ate instant noodles.
>
> 일요일에 뭐 할 거**야**? – 집에서 쉴 거**야**.
>
> What are you going to do on Sunday? – I'm going to take a rest at home.

② Imperative sentence: '–아/어' or '–아/어라' is attached to stems. Negative imperative sentences end with '–지 마' or '–지 마라'. However, it is preferred not to use imperative expressions between close friends.

> **Ex.** 밥 먹기 전에 숙제 먼저 **해(라)**. Do your homework first before you eat.
>
> 집에 오면 손부터 씻**어(라)**. Wash your hands first when you get home.
>
> 늦게까지 놀지 **마(라)**. Don't play until late.

③ Propositive sentence: '–자' is attached to stems. Also, '–아/어' can be added to stems. This is frequently used in usual conversations. In negative propositive sentences, the '–지 말자' form is used.

> **Ex.** 같이 놀**자**. Let's play together.
>
> 오늘은 게임하지 말**자**. Let's not play the game today.
>
> 열심히 공부하**자**. Let's study hard.

1. When answering questions, '네' changes to '응' or '어', and '아니요' changes to '아니'.

2. '저/제' changes to '나/내', the second person pronoun which refers to the listener becomes '너/네'. However, '너' must not be used to an elder person even if the speaker and the person are very familiar and use intimate style to each other. '네가' and '네', which are abbreviated forms of '너+가' and '너+의', are usually pronounced [니가], [니].

3. When calling someone's name using the intimate style, the particle '아/야' is added after the name. '야' comes if the name ends with a consonant, and '아' with a vowel. However, attaching '아/야' sounds awkward if the name is not Korean but a foreign one.

   Ex. 유미야. / 민석아.

2 –잖아(요) you already know (that)

Easy | **Normal** | **Hard**

Is used when telling a reason that the listener already knows, or reminding of a fact that the listener has forgotton. It is mostly used only in colloquial expressions, not in written language.

Ex. 우리 이제 반말하기로 했**잖아**. We've already decided to use intimate style.

왜 그 가수를 좋아해요? – 예쁘고 노래를 잘 **하잖아요**.

Why do you like the singer? – You know she is pretty and sings well.

잊어버렸어요? 어제 이야기했**잖아요**. Did you forget? I did tell you yesterday.

또 먹어요? 아까 밥 먹었**잖아요**. Are you eating again? You already ate a while ago.

Grammar

❸ –ㄴ/는다 present tense verb ending

This expression is used when writing objectively. It is mostly found in newspapers, reports, book, etc., and can also be used in personal diaries.

동사 Verb	과거 past	–았/었다	자다 받다	잤다 받았다
	현재 present	–ㄴ/는다	자다 받다	잔다 받는다
	미래 future	–(으)ㄹ 것이다	자다 받다	잘 것이다 받을 것이다
형용사 Adjective	과거 past	–았/었다	크다 작다	컸다 작았다
	현재 present	–다	크다 작다	크다 작다
명사+이다 Noun+이다	과거 past	였다 이었다	운동선수이다 학생이다	운동선수였다 학생이었다
	현재 present	–(이)다	운동선수이다 학생이다	운동선수다 학생이다

Ex. 또 먹고 싶다. I want to eat again.

동생은 지금 방에서 잠을 잔다. My sister is sleeping in the room now.

어제는 친구와 한국 영화를 봤다. Yesterday, I saw a Korean movie with my friend.

나는 내년에 한국 여행을 할 것이다. I will be traveling to South Korea, next year.

Note

'않다' inflects like verbs if it follows a verb, and inflects like adjectives if it follows an adjective.

Ex. 나는 매운 음식을 좋아하지 않는다. I don't like spicy food.

오늘은 날씨가 덥지 않다. It's not hot today.

Jacques

흑흑. T^T 여기는 비행기 안.

짧은 한국 여행을 뒤로 하고 집에 돌아가는 비행기 안이다.

소녀시대를 만나러 온 한국!

소녀시대 팬미팅도 좋았지만 잊지 못할 추억을 정말 많이 만들고 간다.

유미, 알렉산더, 스님 모두 나에게는 소중한 인연이다.

템플스테이를 통해 한국의 불교문화도 많이 알게 되었고, 한국의 유적지도 많이 가 봤다. 한국의 산과 아름다운 풍경도 잊지 못할 것이다.

그리고 유미 집에 초대 받아서 갔었는데, 가족처럼 따뜻하게 해 주셨다.

프랑스에 돌아가면 한국 사람처럼 한국어를 잘 할 수 있게 열심히 한국어 공부를 할 것이다. 다음에 한국에 또 오게 되면 멋지게 한국어를 하는 모습을 보여주고 싶다.

한국, 안녕!!

New Words

흑흑 boohoo	**불교문화** Buddhist culture	**멋지다** wonderful
추억 memory	**유적지** historic site	
인연 ties	**초대** invitation	

다음 질문에 답하십시오.

1 이 글의 내용과 같으면 O, 다르면 X 하십시오.

1) 자크는 지금 프랑스에 돌아갑니다. (　　　)

2) 자크는 비행기 안에서 글을 쓰고 있습니다. (　　　)

3) 자크는 소녀시대를 만나러 한국에 온 것이 아닙니다. (　　　)

4) 자크는 한국에서 많은 추억을 많이 만들고 갑니다. (　　　)

2 자크가 한국에 와서 한 일을 모두 쓰십시오.

Additional Vocabulary

통신 Communication

인터넷 Internet	홈페이지 homepage
블로그 blog	이메일 email
트위터 twitter	SNS Social Networking Service
접속하다 to access	웹서핑을 하다 to surf the web
메신저 instant messenger	인터넷 카페 Internet café
댓글 comment	네티즌(누리꾼) netizen
인터넷 쇼핑 online shopping	유투브 YouTube
동영상 video	올리다(사진, 글...) to post
검색하다 to search	댓글을 달다(쓰다) to write a comment
와이파이 Wi-Fi (wireless fidelity)	

● Vocabulary and Expressions

1. 다음 대화를 잘 읽고 [보기]에서 알맞은 단어를 골라 빈칸을 채우십시오.

> [보기] 응   아니   내가   가   내   네

1 A : 너 한국에 가 봤어?

　　B : ＿＿＿＿＿＿＿＿, 내년에 가 보려고.

2 A : 우와, 예쁘다. 누구야?

　　B : ＿＿＿＿＿＿＿ 동생이야. 예쁘지?

3 A : 누가 나 좀 도와 줄래? 이걸 좀 해야 하는데.

　　B : ＿＿＿＿＿＿＿ 도와 줄게. 어떻게 하면 돼?

2. '-잖아요'를 사용하여 대화를 완성하십시오.

1 A : 들었어요? 장효 씨가 이번에 한국어 시험에 합격했어요.

　　B : 그 동안 장효 씨가 열심히 ＿＿＿＿＿＿＿＿＿.

2 A : 엄마, 나 학교 늦었어요. 왜 안 깨웠어요?

　　B : 오늘 토요일 ＿＿＿＿＿＿＿＿＿. 학교 안 가는 날이야.

3 A : 이 음식은 정말 맵겠네. 먹을 수 있을까?

　　B : 매운 음식 잘 ＿＿＿＿＿＿＿＿＿. 한번 먹어 봐.

3. 다음을 읽고 반말을 잘못 사용한 것을 고르십시오.

> A : ①많이 기다렸지? ②늦어서 미안해.
> B : 괜찮아. ③지금 빨리 가면 영화 볼 수 있을 거니.
> A : 그래, ④빨리 가자.

4. 다음을 듣고 물음에 답하십시오. 51

■ 두 사람은 무엇에 대해 이야기하고 있습니까?

① 인터넷 공연 　　　　　　　　② 요즘 유행하는 춤

③ 싸이 뮤직 비디오 　　　　　　④ 세계 사람들이 좋아하는 노래

■ 다음을 듣고 내용과 <u>다른</u> 것을 고르십시오.

① 여자는 TV로 싸이의 공연을 봤습니다.

② 남자는 싸이의 춤이 유행할 것 같습니다.

③ 여자는 싸이의 뮤직 비디오가 참 재미있습니다.

④ 남자는 한국 노래가 인기가 있어 기분이 좋습니다.

● Reading

5. 다음을 읽고 글의 내용과 같은 것을 고르십시오.

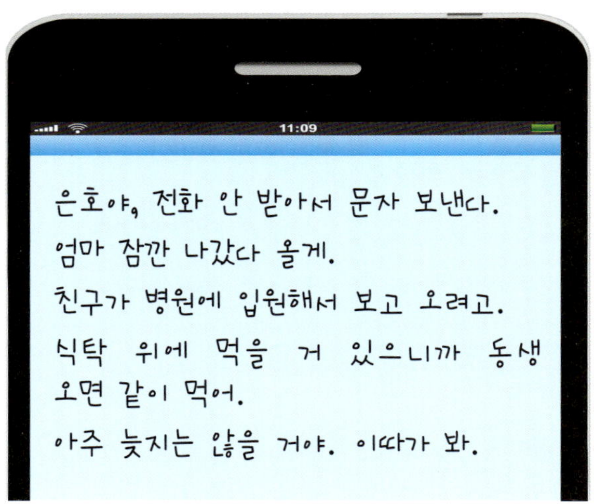

① 동생은 지금 집에 있습니다.

② 엄마는 오늘 늦게 집에 올 겁니다.

③ 엄마 친구는 지금 병원에 있습니다.

④ 은호는 엄마에게 문자를 보냈습니다.

6. 다음을 읽고 물음에 답하십시오.

> 4. 13 토 맑음
>
>   오늘 공원으로 꽃구경을 갔다. 내일 비가 와서 꽃이 떨어지면 꽃구경을 하기 힘들 것 같았기 때문이다. 사람이 정말 많았다. 가족들과 온 사람들, 친구들과 온 사람들, 남자 친구, 여자 친구와 데이트를 하는 사람들이 있었다. 이곳저곳에서 모두 사진을 찍고 있었다. 나도 사진을 찍으려고 했지만 혼자 가서 찍기 힘들었다. 혼자서 핸드폰으로 사진을 찍으니까 얼굴이 너무 크게 나왔다. 다음에는 친구들과 같이 가야겠다.

1 이 글의 종류는 무엇입니까?

　① 편지　　　② 일기　　　③ 광고　　　④ 소설

2 이 글의 내용과 <u>다른</u> 것을 고르십시오.

　① 오늘은 날씨가 좋았습니다.　　　　　② 나는 혼자 가서 사진을 못 찍었습니다.

　③ 다음에는 꽃구경을 혼자 가지 않을 겁니다.　④ 나는 꽃이 떨어지기 전에 꽃을 보고 싶었습니다.

● Writing

7. 다음을 읽고 반말을 사용해서 다시 쓰십시오.

> 민수 씨, 미안하지만 부탁 좀 하려고요.
> 제가 갑자기 출장을 가야 해서 회의 보고서를 끝내지 못했어요. 제 USB 안에 회의에 대한 자료가 있으니까 마무리 좀 해 줄래요? 출장 갔다 와서 밥 살게요. 저녁에 전화할게요.
> － 성호 －

⇩

> 민수야, 미안하지만 부탁 좀 하려고.
>
> ____
>
> ____
>
> ____
>
> ____
>
> － 성호 －

8. 여러분은 어디를 여행했습니까? 기억에 남는 곳이 있습니까? 무엇이 생각납니까? 반말을 사용해서 SNS에 올릴 기억에 남는 여행 이야기를 쓰십시오.

Self-Assessment

Chapter 13 is finished. Did you understand everything? Check the questions below.

Question	Self-Assessment				
	No ------------ **Yes**				
1. Can you use '반말' properly?	1	2	3	4	5
2. Can you understand the usage of '-잖아(요)' and use it properly?	1	2	3	4	5
3. Can you write using '-ㄴ/는다고'	1	2	3	4	5
4. Can you understand the intonation of Korean and speak it properly?	1	2	3	4	5

Culture

In the summer of 2012, 'Gangnam Style,' a song by Korean singer PSY, won great popularity among foreigners as well as Koreans because of its Horse-riding Dance and funny lyrics, and it spread all over the world through SNS like YouTube. The music video for 'Gangnam Style' produced a variety of parodies like Housewife Style, Police Style, and New York Style. PSY entered the US music market with this song, and gained tremendous popularity around the world. Also, he won the Og-Gwan Order of Culture Merit, which is a Korean award for popular art and culture, in November 2012. The 'Gangnam Style' music video and PSY's name have been registered in the Guinness Book of Records as the 'Most viewed video online,' 'Most 'liked' video online,' and the 'First video to receive one billion views.' Later, PSY set another Guinness Book record for the 'Most viewed video online in 24 hours' with his new song 'Gentleman' in April of 2013. This gave PSY the rare record of being registered four times in the Guinness Book of Records. Catchy lyrics and PSY's unique comic dance were enough to catch the world's enthusiasm. PSY introduced Korean style with 'Gangnam Style' through his own personality. That is to say, he gave wide publicity to K-pop and attracted many fans. We hope that more world stars following PSY will come up and 'Korean Style' will spread out to the world.

Appendix

Answers

Chapter 01

Reading
1. 2월 14일 저녁 7시에 합니다.
2. 하나 씨 집에서 합니다.
3. 3번 출구로 나와야 합니다./나오면 됩니다.
4. 세탁소가 있습니다.
5. 10분쯤 걸으면 됩니다.

Test yourself
● **Vocabulary and Expressions**

1. 1 누르려고
   2 환전하려고
   3 부치려고
2. 1 환전하려면
   2 하려면
   3 갈아타면
   4 있으면
3. 1 입어야
   2 와야
   3 끝내야
   4 해야
   5 써야

● **Listening**

4. ②

남자 : 저, 실례합니다. 한국 백화점에 가려면 어떻게 가면 돼요?
여자 : 여기에서 똑바로 가면 사거리가 나와요. 거기에서 오른쪽으로 가세요.
남자 : 사거리에서 오른쪽으로 가면 바로 있어요?
여자 : 5분쯤 걸으면 한강 은행이 있어요. 은행 맞은편에 있습니다.
남자 : 정말 감사합니다.

5. ②

남자 : 저는 방송국을 꼭 구경하고 싶어요.
여자 : 저는 지난 주말에 갔다 왔어요.
남자 : 정말요? 방송국에 가려면 예약을 해야 해요?

여자 : 아니요, 그냥 가면 돼요. 저는 라디오 프로그램을 창문 밖에서 봤어요.
남자 : 우와, 저도 이번 주말에 가야겠어요.
여자 : 아, 그런데 일찍 가세요. 늦게 가면 기다려야 해요.

● **Reading**

6. ④
7. 1 ①
   2 ②
8. 1 ③
   2 ②

● **Writing**

9. 1 여권을 만들려면 대사관에 가야 합니다
   2 그 사람을 만나려면 도서관에 가면 됩니다
10. 좋아야
11. **Writing Sample**

   Ex. 저는 여행을 아주 좋아합니다. 이번 방학에는 유럽 배낭여행을 하려고 합니다. 배낭여행을 하려면 짐이 무거우면 안 됩니다. 짐을 조금만 가져가야 합니다. 그리고 지도와 비상약을 준비해야 합니다. 돈은 떠나기 전에 환전하면 됩니다. 저는 이번 여행에서 여러 나라 친구들과 이야기를 하고 싶습니다. 외국 친구와 이야기를 하려면 외국어를 알아야 합니다.
   그래서 지금 열심히 외국어를 공부하고 있습니다. 이번 여행에서 꼭 친구를 사귀고 싶습니다.

Chapter 02

Reading
1. 숙박비는 한 사람이 하루에 20,000원입니다.
2. 아침은 10시까지 먹을 수 있습니다.
3. 예약하려면 인터넷 홈페이지에서 해야 합니다.
4. 밤 12시에 불을 꺼야 합니다.

5

–아/어도 되다	–(으)면 안 되다
휴게실의 음식은 먹어도 됩니다. 간단한 요리는 해도 됩니다. 늦게까지 술을 마셔도 됩니다.	밤 12시 이후에 불을 켜면 안 됩니다. 방에서 담배를 피우면 안 됩니다. 방에서 술을 마시면 안 됩니다.

Test yourself

● Vocabulary and Expressions

1. 1 담배를 피우지 마세요

   2 사진을 찍지 마세요

   3 쓰레기를 버리지 마세요

2. 1 한자를 읽을 수 없어요

   2 태권도를 할 수 있어요

   3 운전을 할 수 없어요

3. 1 들어가도 돼요

   2 앉아도 돼요

   3 술을 마셔도 돼요

● Listening

4. ①

남자 : 여기에서 수영을 해도 돼요?

여자 : 아니요, 여기에서 수영을 하면 안 됩니다. 절대 수영을 하지 마세요.

5. ②

남자 : 여보세요? 시민천문대예요? 거기 몇 시까지 해요?

여자 : 평일은 오후 2시부터 오후 10시까지입니다.

남자 : 입장료는 얼마예요?

여자 : 무료입니다.

남자 : 여러 명이 같이 별을 볼 수 있어요?

여자 : 단체 관람은 미리 예약을 하면 됩니다. 그런데 오늘은 예약이 끝났습니다.

남자 : 23일에 예약할 수 있어요?

여자 : 23일은 월요일이어서 문을 열지 않습니다.

● Reading

6. ④

7. ③

8. ②

● Writing

9. ③ 컴퓨터실은 무료로 사용할 수 있습니다.

10. **Writing Sample**

Ex. 저는 미국 사람입니다. 미국에서는 다른 사람 앞에서 기침이나 재채기를 하면 안 됩니다. 그런데 코는 풀어도 됩니다.

저는 프랑스 사람입니다. 프랑스에서는 다른 사람의 머리를 만지지 않습니다. 그리고 식사 중에 소리를 내지 않습니다. 음식을 남기면 안 됩니다.

저는 싱가포르 사람입니다. 싱가포르에서는 바닥에 침을 뱉으면 안 됩니다. 그리고 쓰레기를 아무데나 버리면 돈을 내야 합니다.

Chapter 03

Reading

1 A회사 홍보 담당자 이성호 씨가 김재민 대리에게 전화했습니다.

2 김과장이 전화를 받았습니다.

3 회사 상품 홍보 문제로 전화를 했습니다.

4 회사 신상품 사진을 메일로 보내야 합니다. 이성호 씨에게 오늘 오후 2시 이후에 전화를 해야 합니다.

5 ④

Test yourself

● Vocabulary and Expressions

1. 1 맞지요

   2 걸까요

   3 끊을게요

2. 1 먹을까요, 갈까요

   2 합시다/갑시다

   3 놀까요, 놉시다

3. 1 살게요

2 먹을게요

3 만들게요

● **Listening**

4. ④

> 남자 : 우리 이번 주말에 어디에서 만날까요?
> 여자 : 광화문에 서점이 있지요? 서점 앞에서 볼까요?
> 남자 : 거기는 항상 복잡해요. 서점 안의 커피숍에서 봅시다.
> 여자 : 네, 좋아요. 그럼 토요일 2시에 커피숍에서 봐요.

5. 301, 옴, 보냈음

> 남자 : 네, 서울 유스호스텔입니다. 무엇을 도와드릴까요?
> 여자 : 301호 좀 부탁합니다.
> 남자 : 301호요? 잠시만요. (잠시 후)
>   죄송하지만 301호 손님이 전화를 받지 않습니다.
> 여자 : 그럼 메모 좀 전해주시겠어요? 제 이름은 유미입니다. 제가 자크 씨에게 저희 집 지도를 이메일로 보냈어요. 그렇게 좀 전해 주세요.
> 남자 : 네, 알겠습니다.
> 여자 : 감사합니다.

● **Reading**

6. ①

7. ③

8. ①

● **Writing**

9. 안 될까요, 전화할게요, 갑시다

10. Writing Sample

방 구함

깨끗한 방 찾음

방은 혼자 사용하고 싶음

학교에서 가까우면 좋음

요리할 수 있어야 함

연락처 : 010-123-4567 김은호

Chapter 04

Reading

1) ○   2) X   3) X   4) ○   5) X

Test yourself

● **Vocabulary and Expressions**

1. 1 예쁘네요/예쁘군요

2 유행이군요

3 오네요/오는군요

2. 1 안 배워 봤어요/배워 보세요

2 안 담가 봤어요/담가 보세요

3 안 들어 봤어요/들어 보세요

3. 1 빌려 주세요

2 도와 주세요/ 찾아 주세요

● **Listening**

4. ③

> 남자 : 가방 좀 들어드릴까요?
> 여자 : 아, 고마워요. 정말 친절하군요.

5. ④

> 여자 : 와~ 안톤 씨는 노래를 정말 잘 하네요.
> 남자 : 고마워요. 저는 한국 노래가 참 좋아요.
> 여자 : 한 달 뒤에 외국인 노래 대회가 있는데, 한 번 나가 보세요.
> 남자 : 제가 잘 할 수 있을까요?

● **Reading**

6. ④

7. ③

● **Writing**

8. 지수 씨의 아버지는 정말 멋있으십니다. 지수 씨는 아버지와 안 닮았습니다. 머리색도 다릅니다. 지수 씨의 남동생은 참 잘생겼습니다. 아버지를 많이 닮았습니다. 지수 씨는 어머니를 닮았습니다. 지수 씨의 어머니와 지수 씨는 쌍꺼풀이 있습니다. 지수 씨의 가족은 모

두 키가 크고 날씬합니다.

9. Writing Sample

Ex. 저는 3년 전에 혼자 여행을 해 봤습니다. 여행은 친구나 가족하고만 가 봐서 혼자 여행은 처음이었습니다. 혼자 여행 준비도 하고, 여행 계획도 세웠습니다. 여행을 가기 전에 많이 떨리고 설렜습니다. 여행 기간에 외롭기도 하고 무섭기도 했습니다. 그렇지만 많이 배웠습니다. 생각도 많이 하고, 계획도 세웠습니다. 여러분도 혼자 여행을 떠나 보세요.

Chapter 05

Reading

1 자크 베랭이 소녀 시대 서현에게 썼습니다.

2 팬미팅에서 봤습니다.

3 한 달쯤 되었습니다.

4 소녀 시대를 만나면 한국어로 이야기하고 싶었기 때문에 더 열심히 했습니다.

5 정말 행복합니다.

Test yourself

● **Vocabulary and Expressions**

1. 1 어긴 적

    2 맞은 적

    3 취소한 적

2. 1 먹으면서

    2 들으면서

    3 운전하면서

3. 1 X → 안 지

    2 O

    3 O

    4 X → 수업시간이기 때문에

● **Listening**

4. ①, ③

여자 : 저는 한국에서 운전이 처음이라 조금 걱정이에요. 몇 가지 물어봐도 돼요?
남자 : 그럼요, 얼마든지 물어보세요.
여자 : 운전하면서 전화해도 돼요?
남자 : 아니요, 그렇지만 이어폰을 사용하면 괜찮아요.
여자 : 그럼 자동차 뒷자리는 안전벨트를 안 해도 돼요?
남자 : 아니요, 모두 안전벨트를 해야 해요.

5. ②

남자 : 왜 밥을 먹으면서 TV를 봐요?
여자 : 전 결혼 전에 항상 이렇게 먹었어요.
남자 : 요즘 TV 때문에 가족들의 대화가 줄었어요.
여자 : 아니에요. 저는 TV를 보면서 더 많이 이야기할 수 있어요.

● **Reading**

6. ④

7. 1 ②

    2 ③

8. 1 ①

● **Writing**

9. 1 그 사람을 안 본 지 5년이 넘어서 많이 보고 싶습니다

    2 이메일을 보낸 지 한 달이 지나고/지난 후에 답장을 받았습니다

10. 들으면서

11. Writing Sample

Ex. 제가 한국어를 배운 지 얼마 되지 않아서 실수를 한 적이 있습니다. 한국어 선생님은 정말 재미있고 친절하셨습니다. 그래서 한국어 선생님을 보면서 "생선님, 참 맛있어요."라고 말했습니다. 선생님은 저에게 "생선을 좋아하세요?" 이렇게 이야기했습니다. 저는 생선을 좋아하지 않습니다. 처음에는 이유를 몰랐습니다. 그런데 지금은 압니다. 지금 생각하면 정말 부끄럽습니다.

Chapter 06

Reading

1 외국인 엑스트라(배우)를 찾는 광고입니다.

2 외국인인데 한국말을 잘 하는 사람이어야 합니다.

3 프로필 사진과 자기소개서를 준비해야 합니다.

4 영화, 드라마, 시트콤에서 연기할 수 있습니다.

5 – 남자 1 : 170-180cm, 마른 체격, 곱슬머리, 둥근 얼굴, 운동을 잘 하는 사람

– 남자 2 : 175-180cm, 뚱뚱한 체격, 쌍꺼풀이 없는 눈, 피아노를 칠 수 있는 사람

– 여자 1 : 155-170cm, 긴 금발 머리, 노래를 잘 하고 춤을 잘 추는 사람

– 여자 2 : 155-170cm, 짧은 머리, 귀여운 외모, 보조개가 있는 사람

Test yourself

● **Vocabulary and Expressions**

1. 1 고픈데

   2 재미있는데

   3 오는데

2. 1 X → 친절한

   2 O

   3 X → 자는 것 같아요

   4 O

3. 1 만들어 준

   2 큰

   3 선물한

● **Listening**

4. ④

여자 : 제가 요즘 글을 쓰는데 잘 안 되네요.
여자 : 무슨 내용인데요?
남자 : 아버지와 아들의 이야기인데 미진 씨가 먼저 볼래요?
여자 : 제가 봐도 괜찮아요?

5. ③

여자 : 그것도 지영 씨 선물이에요? 오늘도 선물을 받았네요.
남자 : 지영 씨는 남자들한테 인기가 많은 것 같아요.
여자 : 맞아요. 지난번에도 회사에 꽃바구니가 배달되었어요.
남자 : 지영 씨는 인기가 많은데 왜 남자 친구가 없지요?
여자 : 제 생각엔 아마 1년 전에 헤어진 남자 친구를 못 잊는 것 같아요.
남자 : 아~ 그런 일이 있었군요. 지영 씨가 새로운 사랑을 하면 좋겠어요.

● **Reading**

6. ③

7. 1 ②

   2 ④

● **Writing**

8. 1 전화가 오는데 아버지인 것 같아서 안 받았습니다.

   2 일요일인데 여름 휴가철이어서 극장에 사람이 없습니다

9. **Writing Sample**

   Ex. 제 이상형은 한국의 배우 현빈입니다. 현빈은 키도 크고 정말 잘생겼습니다. 그리고 노래도 잘하고 운동도 잘합니다. 저는 드라마 '시크릿 가든'을 보면서 현빈을 좋아했습니다. 현빈은 정말 멋있는 배우입니다. 지금 현빈은 머리가 짧습니다. 다른 남자들은 머리가 짧으면 멋있지 않은데 현빈은 정말 멋있는 것 같습니다. 나중에 남자 친구를 사귀면 현빈과 같은 남자 친구를 사귈 겁니다.

Chapter 07

Reading

1 1) X   2) X   3) O   4) O

2 14일, 24일, 대천해수욕장, 다양한, 외국인

Test yourself

● **Vocabulary and Expressions**

1. **1** 커요

   2 길어요

   3 멀어요

2. **1** 3시간밖에 못 잤어요

   2 10번이나 봤어요

3. **1** 서울 극장에서 안나 씨와 영화를 보기로 했어요

   2 술집에서 술을 마시기로 했어요

   3 친구들과 농구장에서 농구를 하기로 했어요

   4 일요일 아침 9시에는 하숙집 친구들과 등산하기로
   했어요

● **Listening**

4. ③

남자 : 이번 주 일요일에 뭐 해요? 시간이 있으면 놀이
공원에 갈까요?

여자 : 미안해요. 일요일에 미술관에 가기로 했어요.

남자 : 그럼, 토요일은요?

여자 : 토요일은 친구 결혼식에 가야 해요.

남자 : 지원 씨는 정말 바쁘네요. 그럼, 언제가 괜찮아
요?

여자 : 음… 저는 다음 주 화요일밖에 시간이 없어요.
화요일 저녁 어때요?

5. ②

남자 : 여보세요. 선우 씨, 왜 아직 안 와요?

여자 : 지금 몇 시예요? 돌잔치가 1시 아니에요?

남자 : 아기 엄마의 문자메시지 못 봤어요? 한 시간 빨
리 시작하기로 했어요.

여자 : 정말요? 어떡하지요?

남자 : 빨리 오세요. 벌써 10분이나 지났어요.

여자 : 지금 출발할게요. 먼저 들어가세요.

● **Reading**

6. ②

7. ①

8. **1** ③

   2 ④

● **Writing**

9. **1** 쥐는 코끼리보다 가볍습니다. 코끼리는 코가 긴데,
   쥐는 코가 짧습니다. 등

   2 비행기, 기차, 자전거 중에서 비행기가 제일 빠릅니
   다. 그리고 가격이 제일 비쌉니다. 등

10. **Writing Sample**

   Ex. 저는 쌍둥이입니다. 형은 저보다 5분 먼저 태어
   났습니다. 우리는 참 많이 닮았지만 성격은 많이 다릅
   니다. 제 형은 저보다 키도 크고 잘 생겼습니다. 형은
   운동을 좋아하고 성격이 활발합니다. 축구도 잘 하고,
   컴퓨터를 잘 합니다. 그런데 저는 조용합니다. 집에서
   책을 보거나 쉽니다.

Chapter 08

Reading

1 몸이 가려워서 이메일을 썼습니다.

2 약을 먹을까 합니다.

3 한국에 오고 나서 가렵습니다.

4 갑자기 환경이 바뀌어서 가려운 것 같습니다.

5 너무 자주 샤워를 하지 말고 샤워하고 나서 로션을 충
분히 발라야 합니다.

Test yourself

● **Vocabulary and Expressions**

1. **1** 참거나

   2 아프거나

   3 하거나

2. **1** 누르고 나서

   2 선택하고 나서

   3 넣고 나서

3. **1** 듣는

   2 쉬는

   3 사는

4. **1** 배울까 해요

   2 만들까 해요

Contents

● **Listening**

5. ③

> 남자 : 저는 요즘 컴퓨터 게임을 너무 오래 해서 걱정
> 이에요.
> 여자 : 남자들은 다 컴퓨터 게임 많이 하지 않아요?
> 남자 : 네, 하지만 저는 그것 때문에 다른 일을 잘 못해
> 서요. 무슨 좋은 방법이 없을까요?

6. ④

> 남자 : 요즘 한국의 날씨는 어때요?
> 여자 : 아주 춥고 눈이 자주 와요.
> 남자 : 두꺼운 옷을 많이 가져갈까 하는데 짐이 너무
> 무거워서 걱정이에요.
> 여자 : 그러면 한국에 오고 나서 겨울옷을 사는 게 어
> 때요?

● **Reading**

7. ④

8. ②

9. 1 ④

　　 2 ①

● **Writing**

10. 1 소화가 안 돼서 산책을 할까 해요

　　 2 이 일을 끝내고 나서 여행을 가거나 집에서 쉴까
　　 해요

11. 가거나

12. Writing Sample

　 Ex. 저는 이번 휴가에 일본어를 배울까 합니다. 저는
일본 만화를 아주 좋아합니다. 그래서 일본 만화를
많이 보는데 일어를 알면 더 좋을 것 같습니다. 그렇
지만 그동안 회사를 다닐 때는 시간이 없고 휴가 때
는 쉬고 싶어서 배우지 못했습니다. 그래서 이번에는
쉬는 동안 친구에게서 일본 친구를 소개 받을까 하는
데 아직 잘 모르겠습니다. 제가 일본어를 배울 수 있
을까요?

Chapter 09

Reading

1 옷을 사러 시장에 갔습니다.

2 밤에 가면 물건을 더 싸게 살 수 있을 것 같아서 밤에
갔습니다.

3 예쁜 물건을 싸게 사서 기분이 좋았습니다.

4 옷과 가방, 언니에게 줄 목도리와 장갑을 샀습니다.

5 필요한 물건만 사고 낭비를 안 할 것 같아서입니다.

Test yourself

● **Vocabulary and Expressions**

1. 1 맵지만 맛있어요

　　 2 입었지만 추워요

　　 3 왔지만 인성 씨는 안 왔어요

2. 1 먹은

　　 2 좋아하는

　　 3 만날

3. 1 어울릴

　　 2 맛있을

　　 3 올

● **Listening**

4. ③

> 남자 : 몸은 좀 어때요? 안색이 안 좋아 보이네요.
> 여자 : 며칠 전부터 감기가 낫지 않네요.
> 남자 : 병원에는 갔다 왔어요?
> 여자 : 네, 오전에 병원에 갔다 왔어요.

5. ④

> 남자 : 뭐 먹을래요?
> 여자 : 저는 김치찌개요.
> 남자 : 오늘도 김치찌개예요?
> 여자 : 네, 이 집은 김치찌개가 제일 맛있는 것 같아요.
> 남자 : 다른 음식도 시켜 보세요. 다른 것도 맛있을 것
> 같아요.
> 여자 : 아니요, 늘 먹는 음식으로 주문하는 게 좋겠어
> 요.

6. ②

7. ④

8. ③

9. ① 주말이어서 예약을 안 하면 표가 없을 것 같아요

　　② 내일부터 휴가지만 특별한 계획이 없어서 집에 있을 것 같아요

10. Writing Sample

Ex. 먼저 버리는 습관을 연습하는게 좋겠습니다. 최소 3년 이상 사용하지 않은 물건들을 한 쪽으로 모아서 과감하게 버려야 합니다. 그리고 영화표나 기차표 등을 모으고 싶으면, 스크랩을 하여 정리하는게 좋겠습니다. 버리지 않고 모으는 일정한 장소를 만들어 보는 건 어때요?

Chapter 10

Reading

① 두 가지를 같이 먹을 때 서로 건강에 좋은 역할을 하기 때문입니다.

② 1) ④　2) ①　3) ②　4) ⑤　5) ③

Test yourself

1. ① 피곤해

　　② 행복해

　　③ 외로워

2. ① ○

　　② X → 먹을까 봐

　　③ X → 걸을 때마다

　　④ X → 갔을 때

3. ① 4년마다

　　② 일요일마다

　　③ 밤마다

4. ④

남자 : 저는 요즘 한국어 실력이 늘지 않을까 봐 걱정이에요.

여자 : 에이, 리앙 씨는 매일 한국 사람을 만나면서 무슨 걱정이에요?

남자 : 한국 동료들과 같이 일하지만 한국어로 말할 기회가 별로 없어요.

5. ②

남자 : 오늘 기분이 아주 좋아 보이네요. 좋은 일이 있어요?

여자 : 축하해 주세요. 취직 시험에 합격했어요.

남자 : 그래요? 잘 됐네요. 꼭 될 것 같았어요.

여자 : 고마워요. 그렇지만 저는 떨어질까 봐 걱정을 많이 했어요.

남자 : 정말 축하해요. 요즘 취직 시험 정말 어려운데…….

여자 : 그래서 정말 기뻐요. 오늘은 제가 밥 살게요. 같이 가요.

6. ②

7. ③

8. ③

9. ① 기분이 우울할 때/우울하면 단 음식을 먹거나 신나는 음악을 듣습니다

　　② 결혼하고 살이 찔까 봐 운동을 열심히 했어요

10. 깰까 봐

11. Writing Sample

Ex. 저는 어릴 때 부모님이 진짜 엄마, 아빠가 아닐까 봐 걱정한 적이 있습니다. 엄마한테 혼날 때마다 내가 진짜 아들이 아니어서 그런 것 같았습니다. 그래서 혼자 운 적도 있습니다. 집을 나가고 싶을 때도 있었습니다. 그런데 내가 많이 아픈 적이 있었는데 그 때 엄마가 잠도 안 자고 내 옆에 있었습니다. 나는 엄마의 사랑을 느꼈습니다. 우리 엄마는 진짜 엄마였습니다.

Contents

Chapter 11

Reading

1. 일흔 다섯(75) 되셨습니다. / 75세이십니다.
2. 작년에 산에서 내려오시다가 크게 다치실 뻔 하셨기 때문입니다.
3. 인터넷으로 장기 두기와 좋은 말씀 듣기입니다.
4. 인터넷으로 정보 검색도 하고 책도 사시기 때문입니다.
5. 우리 가족의 취미는 모두 다릅니다. 아버지의 취미는 자전거 타기십니다.

Test yourself

● **Vocabulary and Expressions**

1. 1 절하기
   2 앉기
   3 쓰기
2. 1 X → 못 만들 뻔 했어요
   2 ○
   3 X → 가다가
   4 ○
3. 공부하세요, 오셨어요, 생신, 께, 드렸어요, 좋아하셨어요

● **Listening**

4. 1 ① 2 ④

> 여자 : 자크 씨, 한국에 잘 갔다 왔어요? 한국에서 있는 동안 뭐가 재미있었어요?
> 남자 : 템플스테이에서 절하기와 박물관에서 옛날 놀이 해 보기가 재미있었어요.
> 여자 : 그래요? 그럼 뭐가 제일 어려웠어요?
> 남자 : 별로 어려운 것은 없었는데 높임말 쓰기는 조금 어려웠어요.
> 여자 : 저는 자크 씨를 기다리다가 목이 빠질 뻔했어요.
> 남자 : 저도 보고 싶었어요. 다음에는 같이 가요.

5. ③

> 남자 : 부모님은 어제 고향에 잘 가셨어요?
> 여자 : 어휴, 비행기 시간을 잘 못 아셔서 큰 일 날 뻔 했어요.
> 남자 : 정말요? 그래서 어떻게 됐어요?
> 여자 : 5분만 늦었으면 비행기를 못 타실 뻔 했어요.
> 남자 : 다행이네요. 어제 저도 공항에 나가려고 했는데 가다가 차가 갑자기 고장 나서 못 갔어요.
> 여자 : 괜찮아요. 어젯밤, 부모님께서 도착하신 후에 전화하셨어요.

● **Reading**

6. ②
7. 1 ④
   2 ④
8. 1 ①
   2 ②

● **Writing**

9. 1 길을 잃어버려서 친구 집에 못 갈 뻔했어요
   2 음식이 맛있어서 너무 많이 먹다가 죽을 뻔했어요
10. ④ 그 이야기 때문에 아침 식사를 꼭 먹었습니다
11. **Writing Sample**

> **Ex.** 우리 할아버지는 지금 연세가 71세이십니다. 할아버지는 할머니와 함께 부산에서 사십니다. 할아버지는 부산에서 사십니다. 할아버지는 전에 공무원이셨습니다. 지금은 은퇴해서 일을 안 하십니다. 그렇지만 할머니와 같이 여행도 하시고 외국어도 배우시면서 재미있게 지내십니다. 할아버지는 매일 높지 않은 산에서 등산을 하십니다. 건강이 아주 좋으십니다. 할아버지께서 오래오래 사셨으면 좋겠습니다.

Chapter 12

Reading

1. 1 X
   2 ○
   3 X
   4 ○

2. Ex. 저는 프랑스 사람입니다. 우리나라에서는 꽃을 선물할 때 카네이션을 선물하지 않습니다. 한국은 부모님에게 감사하는 마음을 표현할 때 카네이션을 선물하지만 프랑스에서는 장례식용으로 생각합니다. 그리고 향수도 선물하지 않습니다. 프랑스 사람들에게 향수는 매우 익숙하기 때문에 향수 선물을 받으면 많이 기쁘지 않습니다.

Test yourself
● Vocabulary and Expressions

1. 1 배우게 됐어요

   2 입게 돼요

   3 알게 됐어요

2. 1 X → 다치지 않게

   2 ○

   3 X → 걸리지 않게

   4 ○

3. 1 가서

   2 전화해서

   3 누워서

   4 하고

● Listening

4. 1 ②　　2 ①

남자 : 머리를 어떻게 해 드릴까요?
여자 : 너무 짧지 않게 잘라 주세요. 이 정도로요.
남자 : 앞머리는 어떻게 할까요?
여자 : 손질하기 쉽게 해 주세요.
남자 : 염색도 할 거예요?
여자 : 아니요, 염색은 안 할 거예요. 예쁘게 다듬어 주세요.

5. ④

라디오 DJ : 오늘은 인천에서 보내 온 사연입니다.
안녕하세요? 저는 31살의 직장인 이은영입니다. 세 달 전에 친구가 소개팅을 해 줘서 그 사람을 만나게 되었어요. 처음 만났을 때 뚱뚱하고 키도 작아서 마음에 들지 않았어요. 그런데 그 사람은 제게 정말 잘 해 주었습니다. 사람은 외모보다 마음이 더 중요한 것 같아요. 결국 저는 그 사람을 사랑하게 되었어요.

어제는 그 사람이 꽃다발과 반지를 주었는데, 정말 많이 울었습니다. 저는 그 사람과 5월에 결혼하기로 했습니다. 저는 정말 행복합니다. 많이 축하해 주세요.
네, 이은영 님, 꼭 행복한 5월의 신부가 되세요. 행복하게 사세요. 결혼 축하드립니다.

● Reading

6. ②

7. 1 ②

   2 ④

8. ④

● Writing

9. 1 한국에 가서 생활하니까 한국의 문화를 이해하게 되었다

   2 학생들을 만나서 이야기하다가 학생들의 마음을 알게 되었다

10. Writing Sample

   Ex. 저는 한국어를 배운 지 2년이 조금 넘었습니다. 처음에는 한국어를 전혀 몰랐습니다. 학교에 한국 친구가 한 명 있었는데 성격이 매우 좋았습니다. 그 친구와 친하게 지내고 싶어서 한국거를 배우게 됐습니다. 한국어를 배우기 전에는 한국 문화를 몰랐는데 한국어를 배운 후에 한국 문화를 많이 알게 됐습니다. 한국어를 배우면서 한국 노래도 듣고 한국 드라마도 보면서 한국이 더 가깝게 생각됐습니다. 저는 지금 한국에 있습니다. 한국 문화가 좋아서 한국에 왔습니다. 한국어를 열심히 공부해서 한국어 전문가가 된 후에 한국어와 한국 문화를 알리고 싶습니다.

Chapter 13

Reading

1 1) ○　2) ○　3) X　4) ○

2 소녀시대 팬미팅, 템플스테이, 한국의 유적지 답사, 유미 집 방문 등

Contents

Test yourself

- **Vocabulary and Expressions**

1. **1** 아니

  2 내

  3 내가

2. **1** 공부했잖아요 / 준비했잖아요

  2 이잖아

  3 먹잖아

3. ③

- **Listening**

4. **1** ③   **2** ①

> 여자 : 오빠, 싸이의 새 뮤직 비디오 나왔잖아. 봤어?
> 남자 : 응, 어제 공연도 TV로 봤어. 정말 멋있었어.
> 여자 : 그래? 난 공연은 못 보고 인터넷으로 뮤직비디
>   오만 봤어.
> 남자 : 그 춤도 유행할 것 같지?
> 여자 : 응, 비디오를 재미있게 만든 것 같아.
> 남자 : 한국 노래를 세계의 많은 사람들이 좋아하니까
>   기분이 참 좋네.

- **Reading**

5. ③

6. **1** ②   **2** ②

7. 내가 갑자기 출장을 가야 해서 회의 보고서를 끝내지 못했
   어. 내 USB 안에 회의에 대한 자료가 있으니까 마무리 좀
   해 줄래? 출장 갔다 와서 밥 살게. 저녁에 전화할게.

- **Writing**

8. **Writing Sample**

   Ex. 여기는 한국의 설악산이야. 이 사진은 설악산 정
   상에서 찍은 사진이고. 한국은 산이 참 많은데 나는 설
   악산이 참 마음에 들어서 두 번이나 가 봤어. 가을에
   가니까 단풍도 예쁘고, 하늘도 정말 파랗고 예뻤어. 산
   에 오르면서 만난 사람들도 모두 친절했어. 한 아주머
   니께서는 집에서 가져 오신 오이도 나눠 주셨어. 산에
   오르면 참 많은 것을 배우게 돼. 한국의 겨울산은 아직
   못 가 봤어. 사진으로만 봤는데, 정말 아름다워. 다음
   에 가게 되면 내가 꼭 사진을 찍어서 올릴게.

Culture Translation

Chapter 01

한국의 대중교통 수단 이용 방법

한국에는 여러 가지 대중교통 수단이 있습니다.

지하철, 버스, 택시, 기차 등이 있는데, 서울은 차가 많고 복잡하기 때문에 지하철을 이용하는 것이 편리합니다. 서울에는 지하철이 9호선까지 있고 그 외 서울 근교 도시를 잇는 여러 선들이 연결되어 있습니다. 또한 김포공항, 인천공항까지 갈 수 있는 공항선도 얼마 전에 개통되어 서울역에서 인천공항까지 53분이면 갈 수 있습니다.

서울의 지하철이나 버스를 이용하려면 교통카드가 필요합니다. 1회용 카드의 경우 운임 요금과 함께 보증금 500원을 내야하며, 보증금은 도착역에서 환불 받을 수 있습니다. 교통카드는 외국인 교통카드를 구입하여 사용하고 충전해서 계속 사용할 수 있습니다. '서울시티패스'는 하나의 카드로 수도권 지하철과 서울버스를 1일 20회까지 거리와 탑승 수단의 구분 없이 자유롭게 사용할 수 있으며, 서울시티투어버스의 도심순환 코스를 무제한 이용할 수 있습니다. '서울시티패스 Plus'는 한 장의 카드로 대중교통 및 T-money 가맹점 상품결제를 자유롭게 사용할 수 있으며, 다양한 문화, 관광시설에 대한 할인 서비스를 제공받을 수 있습니다. 자유롭게 충전하여 사용할 수 있고, 남은 금액은 환불해 줍니다.

버스는 좌석버스와 일반버스가 있는데 좌석버스는 일반버스보다 조금 비싼 대신에 좌석의 수가 많아 앉아서 가기가 쉽습니다. 버스를 이용할 때는 현금을 내거나 교통카드를 사용합니다. 택시도 일반택시와 모범택시, 콜택시가 있습니다. 콜택시는 전화로 부르면 손님이 있는 곳까지 와 주는 택시이며 모범택시는 요금이 일반택시보다 좀 비싼 대신에 기사들의 자격이 제한적(무사고, 오랜 경력 등)이어서 좀 더 편안하고 안전하게 택시를 이용할 수 있는 장점이 있습니다.

도시 간에 이동을 할 경우에는 기차와 고속버스를 이용할 수 있습니다. 기차는 KTX, 새마을호, 무궁화호가 있습니다. KTX는 가장 빠른 대신에 요금이 가장 비싸고 무궁화호는 가장 느린 반면에 요금이 가장 쌉니다. 고속버스는 일반버스와 우등버스가 있는데 우등버스는 요금이 일반버스보다 비싼 대신에 좌석의 수가 적어 좌석 간 간격이 넓어서 승객들이 편안하게 갈 수 있는 장점이 있습니다.

사이트 소개
지하철 이용(http://www.seoulmetro.co.kr)
기차 이용(www.korail.com)
고속버스 이용(www.kobus.co.kr, www.easyticket.co.kr)
교통카드 이용(http://www.seoulcitypass.com)

Chapter 02

한옥 마을

한국에 현존하는 한옥마을은 크게 세 곳이 있습니다.

바로 서울의 남산골 한옥마을, 북촌 한옥마을, 전라북도 전주의 전주 한옥마을입니다.

그 중 북촌 한옥마을을 소개하려고 합니다.

청계천과 종로의 윗동네라는 이름에서 '북촌(North Village)'이라는 이름으로 불리어진 이곳 북촌은 예로부터 경복궁과 창덕궁, 종묘의 사이에 위치한 지역으로 전통한옥이 밀집되어 있는 한국의 전통 거즈 지역입니다. 조선왕조의 자연관과 세계관을 바탕으로 두 궁궐 사이에 위치한 이 지역은 뛰어난 자연경치를 배경으로 전통 한옥들이 위치하고 있습니다. 또한 한옥과 한옥 사이에는 여러 가지 모양의 골목길이 그대로 보존하고 있어 600년 역사 도시, 서울의 풍경을 잘 보여 줍니다. 그리고 많은 사적들과 문화재, 민속자료가 있어 도심 속의 거리 박물관이라 불리어지는 곳이기도 합니다.

북촌 한옥마을은 남산골 한옥마을과 달리 현재에도 사람들이 살아가고 있어 자연스러운 생활 터전의 실상을 간직하고 있는 것이 특징입니다. 특혀 대청에 유리문을 달고, 낡은 갈색 나무로 된 집 대문에 현대식 잠금장치가 달려 있는, 전통 한옥의 고풍스러움과 현대의 실용성이 결합된 독특한 분위기가 북촌 한옥마을의 매력이라고 할 수 있습니다.

한국을 찾는 외국인 관광객이나 국내 여행객들은 비싼 호텔을 찾는 대신에 온돌 등의 정취를 느낄 수 있는 한옥 체험관(한옥 게스트 하우스)를 많이 이용하고 있습니다. 옛 모습을 그대로 간직하고 있는 아궁이, 정원, 방 등에서 전통적인 운치를 느낄 수 있으며, 소란한 도심 안에서 느낄 수 있는 편안함과 조용함의 공간으로 자리매김하고 있습니다.

한국의 전통 주거공간에서 하룻밤 머물러 보세요. 한국인의 삶의 여유와 멋, 사람 사는 정을 충분히 느낄 수 있을 겁니다.

북촌 한옥 마을 (http://bukchon.seoul.go.kr)

Chapter 03

한국의 재미있는 전화번호

'XXX-8282'가 무슨 전화번호인지 아십니까? 숫자를 소리 나는 대로 한 번 읽어 본 다음 빨리 읽어 보세요. 연상되는 단어가 있나요? '8282'는 [팔이팔이], [파리파리]가 되어 '빨리빨리'를 연상시킵니다. 즉 무엇인가를 빨리빨리 한다는 의미로 배달 식당이나 배달 업체에서 많이 사용하는 번호입니다. 그래서 치킨 배달이나 택배 업체의 번호에서 많이 볼 수 있습니다. 이렇게 한국의 전화번호에는 재미있는 것들이 많이 있습니다. 자, 지금부터 이 번호들은 어디 전화번호인지 한번 추측해 보세요.

'2424', '4989', '5858', '4825', '8924', '7575', '7777', '4444' …

'2424'[이사이사]는 이삿짐 센터의 전화번호입니다. '4989'[사구팔구]는 '사고 팔고'로 물건을 사고 파는 중고가게의 전화번호, '5858'과 '4825'는 [오팔오팔], [사팔이오]로 보석이름 '오팔'과 '사파이어'와 비슷하다고 하여 보석상의 전화번호로 많이 쓰입니다. '8924'[팔구이사]는, '팔고 이사'의 뜻을 나타내어 부동산 전화번호, '7575'는 [칠오칠오], '치로치로', '치료치료'로 병원 전화번호, '7777'은 [칠칠칠칠]로 페인트의 의미를 가지므로 페인트 가게 전화번호로 사용됩니다. 어떤 피자가게에서는 주문하면 30분 이내에 피자를 빨리 배달해 준다는 뜻으로 'XXX-3082'라는 전화번호를 광고하기도 하였습니다. 그리고 한국에서는 숫자 '4'를 죽음을 나타내는 한자 '사(死)'와 발음이 같아서 잘 사용하지 않습니다. 그래서 '4444' 전화번호는 장례식장이나 화장터 전화번호로 이용되기도 합니다.

자, 오늘부터 주변의 가게 전화번호를 잘 살펴보세요. 여러분 나라에서는 어떤 전화번호를 많이 사용하나요? 소개하고 싶은 전화번호가 있나요?

Chapter 04

노래방과 찜질방

"오늘 3차는 노래방이야~."
"이번 주말에는 찜질방에 가서 땀 좀 빼고 오자."
이런 말 들어 보셨어요?
한국에는 인기 있는 방이 두 곳 있습니다. 바로 '노래방'과 '찜질방'입니다.

한국 사람들은 노래 부르는 것을 좋아합니다. 노래방에서는 노래만 부르는 것이 아니라 춤도 추고, 다른 사람들은 탬버린으로 흥을 돋우며 신나게 놀 수 있습니다.

노래방은 밀폐된 공간에서 아는 사람들끼리만 있으니 노래를 잘 부르든 못 부르든 신나게 노래를 부르며 즐길 수 있고, 그냥 집이나 밖에서 부르는 것과는 달리 반주와 마이크가 있어 가수처럼 분위기를 내며 부를 수 있습니다. 또 가사를 보며 부르기 때문에 가사를 몰라도 부르고 싶은 노래를 다 부를 수 있습니다. 남녀노소 모두 즐길 수 있는 노래방은 한국인의 놀이 문화 중 하나로 노래방에서만큼은 누구나 가수가 될 수 있습니다. 요즘은 노래방에서 내가 부른 노래를 녹음해서 사이트에 올려 다시 들을 수도 있습니다.

찜질방은 50~90도 정도의 저온 사우나를 중심으로 한 건강 시설로서 대부분 24시간 영업하고 있는데, 하루 종일 쌓인 피로와 땀을 쭉 빼면서 몸도 마음도 가볍게 할 수 있는 곳으로는 딱 좋습니다. 또한 저렴하게 하룻밤을 묵을 수 있어 여행객들에게는 간혹 숙박 시설 대신으로 사용되기도 합니다. 요즘은 연인들의 데이트 코스로, 주말 가족 나들이 장소로도 애용되고 있습니다. 찜질방에는 사우나, 목욕 시설 이외에 곳에 따라 PC방, 수면실, 오락실, 영화실, 볼링장, 식당, 매점, 체력단련실(fitness club), 노래방, 마사지기 등 다양한 시설을 갖추고 있습니다. 최근에는 허브, 한방, 진흙, 숯 등을 이용한 건강 찜질방, 콘서트를 하거나 워터파크 시설을 갖춘 테마 찜질방 등 각양각색의 개성 있는 찜질방이 많아졌습니다. 무엇보다 찜질방에서 수건으로 양머리를 만들어 쓰고 먹는 삶은 계란과 식혜는 찜질방을 이용하면서 빼 놓을 수 없는 필수 코스입니다.

찜질방은 목욕탕에서 시작되었지만, 이제는 단순히 목욕하는 공간이 아니라, 다양한 문화를 즐기는 복합 문화

공간으로 탈바꿈하고 있는 것입니다.

여러분도 한국에서 찜질방에 한 번 가 보세요. '시원하다'는 말이 절로 나올 겁니다.

Chapter 05

한국의 군대

한국의 성인 남자들은 모두 군대에 가야 합니다. 보통 고등학교를 졸업하면 군대에 가는데 진학을 할 경우 그 시기를 미룰 수 있습니다.

군대 복무 기간은 2011년 현재 육군 현역 기준 21개월입니다. 군대에 가면 정기적인 휴가 외에는 군대 밖으로 나올 기회가 많지 않고 가족과 떨어져 군대 내에서 생활해야 하므로 '입대'라는 것이 군에 들어가는 남자뿐만 아니라 가족, 지인들에게도 스트레스가 되기도 합니다. 특히 아들을 군대 보낸 어머니가 아들이 군에 들어갈 때 입었다가 집으로 돌려보낸 사복이 들어 있는 소포를 받고 울었다는 이야기는 종종 들려오는 이야기입니다. 또 남자친구가 군대에 들어갈 경우 들어가는 남자도, 보내는 여자 친구에게도 큰 변화를 가져오는데요, 남자친구가 입영통지서를 받으면 이별을 준비하기도 하고 여자에게 기다려 달라는, 또는 여자가 기다리겠다는 약속을 하기도 합니다. 한편, 군에 간 아들 혹은 남자친구를 위해 맛있는 음식을 싸가지고 면회를 가는 풍경은 한국에서 흔히 볼 수 있는 모습이며, 군에 가면 평소 쓰지 않던 손 글씨로 부모님과 친구들에게 편지를 보내는 일이 많아집니다.

사실 예전에는 군 생활이 힘들 것이라는 생각 때문이나 인기를 포기하고 싶지 않아 군대에 가고 싶어 하지 않는 연예인 및 일반인들이 가끔 있었습니다. 그런데 요즘은 인기보다는 군 입대를 선택하는 것이 남자답고 멋있는 모습으로 비쳐져 군대에 다녀온 젊은 남자 연예인들의 인기가 더 높아지기도 합니다. 그리고 군 생활을 통해 몸과 마음이 더욱 단단해지고, 자신의 적성과 능력을 개발할 수 있는 기회도 얻을 수 있습니다. 또한 무엇이든 할 수 있다는 도전 정신, 자신감과 내가 해냈다는 성취감, 나 혼자가 아닌 여럿이 함께 해나가는 협동심 등을 키울 수 있어 대기업 등의 회사에서도 군대를 다녀온 남자들을 더 선호합니다.

20대의 젊은 청년들에게는 군 생활이 2년 동안의 정지된 시간으로 느껴질 수도 있겠지만, 또 다른 한편으로는 달려온 삶을 잠시 멈추고 자신을 돌아보며 군인 정신을 배우면서 새로운 도약을 준비하는 기회가 될 수도 있을 것입니다.

"더 멋진 남자가 되어 돌아올 대한민국 국군 장병 여러분! 힘내세요!"

여러분 나라는 어떤지 궁금하네요. 남자들이 다 군대에 가나요?

Chapter 06

팬덤 문화

팬덤(Fandom)은 어떤 대중적인 특정 인물이나 분야에 지나치게 편향된 사람들을 하나의 큰 틀로 묶어 정의한 개념으로, 흔한 말로 '오빠(누나) 부대'로 불리기도 하고, 다른 표현으로는 '워너비(Wanna Be)' 혹은 '그루피(Groupie)'가 있습니다. 텔레비전의 보급과 함께 대중문화가 확산되면서 나타난 현상의 하나로, 팬덤이 문화적 영향력을 행사하면서 '팬덤문화'라는 말이 탄생하였습니다.

한국에 본격적인 팬덤 문화가 형성되기 시작된 것은 1980년대 조용필의 대규모 '오빠부대'가 만들어지면서부터입니다. 이어 가수 서태지와 아이들이 등장하면서 1990년대 팬덤 문화를 낳았습니다. 서태지의 팬클럽들은 단순히 가수와 음악만을 좋아하는 것에 그치지 않고, 음반 사전심의제 폐지운동을 하였는데 서태지의 노래 〈시대유감〉이 사전심의로 가사가 완전 삭제되는데 강력히 반발하여, 결국 그 제도의 폐지를 이끈 것입니다.

2000년대 이후에는 스타 사랑이 보다 능동적이고 과감해졌습니다. 개성과 표현을 중시하는 젊은 세대의 신(新)사고와 맞물려 빠르게 확산된 팬문화는 체계적인 조직까지 이루었습니다. H.O.T, 젝스키스 신화, S.E.S, 핑클 등의 팬클럽은 가수들만의 풍선 색깔을 정하여 가수들의 공연에서 풍선으로 응원하기도 하였고, 방송국, 연습실 등에서 좋아하는 가수를 보기 위해 오랜 시간 기다리기도 하고, 각종 선물을 전달하기도 하였습니다.

최근에 달라진 팬 문화는 '삼촌부대'와 '이모부대'입니다. 이들은 '오빠부대'로 불리는 10대 소녀들 같습니다. 그리고 30~40대 사람들이 중심이 되어 유명인에게 사랑을 표현합니다.

현재 한국에는 수많은 연예인과 그들을 좋아하는 팬들이 있습니다. 많은 스타들은 팬들의 사랑이 있어야 활동이 가능합니다. 지나친 애정과 부정적인 현상들을 줄여 건전한 팬덤문화가 정착되기를 기대해 봅니다.

Chapter 07

서울 시티투어

서울을 처음 찾는 외국인 관광객, 지방에서 올라온 국내 관광객, 체험 학습을 하려는 학생들을 위한 서울시티투어는 경복궁, 창덕궁, 창경궁, 덕수궁, 경희궁, 운현궁 등 사대문 안 궁궐과 서울타워, 청와대, 남산골한옥마을, 인사동, 대학로 등 도심명소, 남대문, 동대문, 명동 등 유명 쇼핑타운까지 모두 볼 수 있습니다.

광화문을 기점으로 정해진 코스를 순환 운행하는 셔틀버스 타입의 투어버스로 1일 이용권을 구입한 후, 버스를 타고 원하는 정류장에서 내려 관광한 후 다음 시티투어 버스를 타고 여정을 계속할 수 있습니다.

시티투어가 지나는 각 관광지에 대한 소개와 안내정보를 개별좌석의 다국어 음성안내시스템(한국어, 영어, 일어, 중국어)으로 제공하고 있으며, 의자 간격이 넓어서 편안하게 이용할 수 있습니다. 가격도 저렴할 뿐만 아니라 시티투어 티켓만 제시하면 당일에 한하여 박물관, 전시관, 공연장 등을 무료로 입장하거나 할인서비스를 받을 수 있습니다.

서울 시티투어 코스는 총 4개의 코스가 있습니다. 총 26곳의 정류장을 30분 간격으로 순환하는 1층 버스 도심순환코스, 총 9곳을 가는 1층 버스 야간코스, 서울의 청계천을 지나 아름다운 고궁들의 모습과 현대와 과거의 모습이 공존하는 인사동을 볼 수 있는 2층 버스 청계/고궁코스, 총 11곳을 가는 2층 버스 야간코스입니다. 온라인으로 예약할 수도 있고, 예약을 못했을 경우에는 빈 좌석이 있을 때에만 이용이 가능합니다.

서울뿐만 아니라, 한국에는 시티투어가 많이 있습니다.

담양, 대구, 대전, 목포, 부산, 부여, 순천, 여수, 인천 등 대한민국 어디든 시티투어를 이용해 갈 수 있습니다.

한국이 처음이세요? 어디에 가야 할지 잘 모르겠다고요? 걱정하지 마세요. 한국에도 시티투어가 있으니까요.

Chapter 08

한국에서 아플 경우

한국에서 갑자기 아프면 어떻게 할까요?

한국의 병원은 대개 예약 없이도 갈 수 있으며 가정의 제도가 활성화되어 있지 않으므로 아픈 부위와 증상에 따라 내과, 외과, 안과, 이비인후과, 치과, 산부인과 등을 자신이 선택하여 가면 됩니다. 병원에서 의사의 진단 후 처방전을 받아야 약국에 가서 약을 살 수 있습니다. 증상에 따라 경미한 경우는 병원을 거치지 않고 바로 약국에 가서 증상을 설명한 후 약사에게서 약을 살 수도 있습니다. 큰 종합 병원에는 외국인 진료센터가 따로 있어 통역을 제공하는 경우도 있습니다. 밤이나 공휴일에는 응급실을 이용할 수 있습니다. 혼자서 응급실에 가지 못하는 경우에는 응급 전화 119를 이용하면 됩니다. 119는 의료와 화재, 구조, 재난의 응급 상황에 사용하는 전화입니다. 그러므로 집에 불이 났을 경우나 등산을 하다가 길을 잃어 조난을 당한 경우에도 119에 전화하면 됩니다.

그렇다면 119가 없던 옛날부터 내려오는 민간요법에는 어떤 것이 있을까요?

한국은 병원에 가거나 약을 먹지 않아도 낫는 방법이 있습니다. 이것을 민간요법이라고 합니다. 목이 많이 아픈 경우에는 소금물을 입에 머금은 채 있다가 뱉으면 좀 괜찮아집니다. 그리고 체했을 때에는 손을 따기도 하는데 '손을 따는 것'은 바늘 등의 뾰족한 것을 소독한 후 손톱 바로 아랫부분을 살짝 찔러 피를 내는 것입니다. 체했을 때는 매실차나 매실주스를 마시는 것도 효과가 있다고 합니다. 또 배가 아플 때 '엄마 손은 약손'이라고 말하면서 엄마가 어린 아이들의 배를 문질러 주기도 하는데, 몇 분을 이렇게 하면 배가 낫는 경우도 있습니다. 감기가 심할 경우에는 생강차를 달여 마시거나 뜨거운 물이 들어 있는 양동이에 발을 깊이 담그고 땀을 내기도 합니다. 뜨거운 햇볕에 피부를 오랜 시간 노출했을 경우에는 생감자나 오이를 얇게 썰어 피부에 올려놓으면 열기가 가라앉고 시원해지는 것을 경험할 수 있습니다. 이러한 민간요법은 과거뿐 아니라 지금 현대에도 사용되고 있습니다.

여러분 나라에는 어떤 민간요법이 있습니까? 지금도 그 민간요법들을 사용하고 있습니까?

Chapter 09

길거리 음식

길을 걷다 보면 출출해질 때도 있고, 그냥 입이 심심할 때도 있습니다. 이런 사람들을 위해 한국의 길거리에는 항상 맛있는 음식들이 넘쳐납니다.

길거리의 대표적인 음식인 떡볶이, 순대, 어묵, 핫도그는 한국의 거리 어디서나 먹을 수 있는 것들입니다. 매콤한 떡볶이와 뜨거운 어묵 국물은 언제나 사랑받는 1호 길거리 음식으로 찰떡궁합입니다.

이 외에도 한국의 길거리에서는 다양한 음식들을 팝니다. 닭의 살코기를 꼬치에 꽂아 소스를 바른 후 구워주는 닭꼬치, 겨울이면 생각나는 붕어빵과 호떡, 종이컵에 담아 먹는 미니 피자 및 치킨, 소고기와 야채를 다져 핫도그 빵에 넣은 버거, 즉석에서 반죽한 어묵을 튀겨주는 핫바, 매콤한 곱창 볶음, 옥수수 구이 등 다양한 음식들이 거리에서 우리를 기다리고 있습니다. 이런 음식들은 간식으로는 물론 한 끼 식사로도 거뜬합니다. 또 즉석에서 과일을 갈아주는 생과일주스와 파인애플이나 메론을 꼬치에 끼워 파는 과일 꼬치도 더운 여름엔 인기가 많은 것 중 하나입니다.

길거리 음식들도 이제 점점 달라지고 있습니다. 아이스크림 대신 스파게티를 넣은 스파게티 콘, 길이가 30cm이상 되는 긴 닭꼬치, 회오리 모양의 감자튀김 회오리 감자, 핫도그 위에 감자옷을 입은 감자핫도그, 봉지에 면과 야채, 소스를 넣어 흔들어 먹는 봉지면 등 재미있는 음식들도 많습니다. 또한 식당에서만 먹던 볶음밥, 초밥, 회도 이젠 거리에서 싸고 맛있게 즐길 수 있습니다.

맛도 있고, 먹는 재미도 있는 길거리 음식들. 거리에서 사람 구경, 물건 구경을 하다가 출출해 진다면 입맛 당기는 음식을 골라서 먹어 보세요!

Chapter 10

한국의 술 문화

'한 잔 하자'는 말을 들어보셨어요? 원래 '한 잔'이라는 말은 커피 한 잔, 우유 한 잔처럼 단위를 나타내는 말이지만 '한 잔'이라는 말 앞에 커피나 우유처럼 어떤 음료를 지칭하는 말이 구체적으로 제시되지 않은 처 '한 잔 하자'라고 말하면 보통 '술을 같이 마시자'라는 의미로 사용됩니다. 다른 음료를 마시고 싶은 경우에는 '커피 한 잔'처럼 마시고 싶은 음료를 '한 잔'이라는 말 앞에 같이 사용을 합니다.

한국 사람들은 술자리 갖기를 참 좋아합니다. 회사나 학교 등에서 회식을 하면 보통 술을 같이 마시게 되고 그것으로 끝나는 것이 아니라 장소를 옮겨 2차, 3차까지 이어지는 경우가 많습니다. 왜 한국 사람들은 술을 자주 마시고 술자리를 갖는 것을 좋아할까요? 개인적으로 술 자체를 좋아하는 사람들도 있겠지만 그것도다는 인간관계를 중시하는 한국 문화 때문일 겁니다. 사람들과 어울리는 것을 좋아하는 사람들은 술을 마시면서 진솔한 대화를 나누기도 하고, 힘든 직장 생활이나 사회생활의 스트레스를 술을 마시면서 풀기도 합니다. 그런데 가끔 내가 술을 좋아하지 않더라도 윗사람이나 어른이 술을 권할 경우 거절하지 못하고 마시는 경우가 많습니다. 윗사람들이 술을 줄 경우에는 보통 두 손으로 잔을 들고 받으며 고개를 한쪽으로 돌리고 마셔야 하며 나에게 잔을 준 상대방에게는 다시 술을 따라 주는 것이 예의입니다.

술을 마시기 전에는 보통 '건배' 또는 '위하여'라는 말을 합니다. 이는 영어의 'cheers'에 해당하는 말로 '위하여'를 그냥 사용하기도 하지만 그 앞에 '우리 학교를 위하여' 나 '우리 회사를 위하여' 등 모임이나 사람을 지칭하여 건배를 하는 경우도 있습니다.

요즘 젊은 사람들은 재미있는 건배사를 만들어 건배를 하기도 합니다. 예를 들어 '당나귀' (당신과 나의 귀한 만남을 위하여), '나가자' (나라를 위해, 가정을 위해, 자신을 위해), '사우나'(사랑과 우정을 나누자) 등의 건배사가 있습니다.

자, 그럼 오늘 한 잔 할까요? 어떤 건배사를 외치면 좋을까요?

Chapter 11

템플 스테이

템플스테이(Temple stay)란 한국의 전통 불교 사찰에 하루 이틀 머물면서 사찰 생활을 체험하는 것을 말하는 것으로 '산사체험'이라고도 합니다.

템플 스테이를 통해 한국의 전통 종교인 불교문화와 정신을 경험해 볼 수 있으며 자신을 돌아보며 성찰할 수 있는 시간과 함께 자연 속에서 지내므로 사람과 자연과의 조화에 대해서도 생각할 수 있는 기회를 가질 수 있습니다. 최근 한국에서는 바쁜 일상에서 벗어나 휴식과 함께 나만의 시간을 가질 수 있는 이러한 템플스테이가 내국인, 외국인을 막론하고 인기를 얻고 있습니다.

템플스테이에서는 발우공양, 예불, 참선, 108배, 묵언수행 등 스님들이 하는 수행 생활을 체험합니다. 발우공양이란 스님들의 식사를 가리키는 말로 음식을 먹을 만큼만 담아서 하나도 남김이 없이 모두 먹는 것을 말합니다. 발우공양을 통해 사찰 음식을 체험해 볼 수 있습니다. 예불은 부처님께 경배하는 의식을 말하며 참선은 부처님의 가르침을 스스로 깨닫고자 수행하는 방법 중 하나입니다. 108배란 불교에서 말하는 108가지 번뇌를 다스리고 마음을 비우기 위해 108번의 절을 하는 것이고 묵언수행은 말을 하지 않고 수행하는 것을 말합니다. 그 외에도 사찰에 따라 연등 만들기, 염불 만들기, 다도 등의 체험 프로그램에 참여할 수 있습니다. 최근에는 여러 가지 체험을 하지 않고 오직 휴식만을 취할 수 있는 템플스테이도 생겨나는 등 그 종류가 다양해지고 있습니다.

한국의 전통 불교 사찰은 보통 경치가 아주 좋은 산과 물이 있는 곳에 위치에 있습니다. 그 곳에서 보내는 하루나 이틀 동안의 생활은 내면적 성찰을 통한 종교적 경험뿐만 아니라 한국의 아름다운 경치도 함께 감상할 수 있는 좋은 기회가 될 것입니다.

Chapter 12

한국의 정(情)

한국의 문화를 흔히 정(情)의 문화라고 부르며, 한국인들은 끈끈한 정으로 연결되어 있다고 합니다.

'정'이라는 말은 현재 우리 사회에서는 부부관계, 부자관계, 친구관계, 동료관계 등 다양한 인간관계에서 두루 사용되고 있으며, '인정'에부터 '모정', '부정', '우정' 등과 같은 단어적 표현뿐만 아니라 '정답다', '정겹다', '정들다(나다)'. '정붙다', '정떼다', '정을 주다/받다', '정이 무섭다', '정 떨어지다', '정든 고향', '정이 많은 사람' 등과 같이 정과 관련된 사용 맥락도 다양하고, '미운 정'. '고운 정'과 같은 상황도 있습니다. 한국 부부들은 '정 때문에 산다'고 하기도 하고, 헤어짐을 슬퍼하는 이유는 정이 들어서라고도 합니다. 이처럼 한국 생활에서 '정'이란 말은 뗄레야 뗄 수 없습니다.

정이란 사랑이라는 단어처럼 글로 설명하기 힘든 감정으로 한국인들의 마음속 깊이 자리 잡고 있는 사랑 그 이상의 독특한 움직임으로 친밀하고 친근한, 내가 맺고 있는 관계 속에서 잘해주고, 아껴주고, 또 너무나 편하고 가까워서 때로는 싸우기도 하고 서운해 하기도 하는 미운정과 고운정의 결합체라 할 수 있습니다. 즉 '우리로서의 관계'에서 흘러나오는 그 느낌입니다.

우리나라의 정은 거슬러 올라가 예부터 찾아볼 수 있습니다. 농사가 잘 안 되서 백성들이 굶주리면 나라에서 국을 끓여 나눠주었는데, 물을 많이 넣어 끓였다고 합니다. 물을 많이 넣으면 비록 맛은 없어지겠지만 더 많은 사람들이 나눠먹을 수 있기 때문입니다. '두레'나 '품앗이' 등도 정을 느낄 수 있는 것들입니다. 또 시장에서 반찬거리나 과일을 살 때 조금이라도 더 얹어주는 데서도 정을 찾아볼 수 있습니다. 한국의 재래시장은 한국의 정을 경험할 수 있는 곳입니다. 식탁에 찌개 하나를 놓고 같이 식사하는 사람들이 함께 나눠먹을 수 있는 것 또한 정이 있기 때문입니다.

한국의 '정'은 글로 이해하기란 쉽지 않습니다. 한국인들과 생활하며 자연스럽게 느껴보는 것이 더 의미 있을 것입니다.

한국에 오셔서 한국의 정을 듬뿍 느끼고 돌아가세요!

Chapter 13

K-pop, 이제 음악은 '한국 스타일'

2012년 여름, 한국 가수 싸이의 노래 '강남스타일'은 말춤과 재미있는 노랫말로 한국인 외에도 외국인에게 큰 인기를 얻었으며, 유튜브 등의 소셜네트워크서비스(SNS)를 타고 전 세계로 퍼져나갔습니다. '강남스타일' 뮤직비디오는 아줌마스타일, 경찰스타일, 뉴욕스타일 등 다양하게 패러디되면서 열풍을 일으켰습니다. 싸이는 이 노러로 미국 음반시장에 진출하였고, 전 세계적으로 선풍적인 인기를 얻게 되었습니다. 또한 2012년 11월 대한민국 대중문화예술상인 옥관훈장을 수상하기도 하였습니다. 싸이는 '강남스타일' 뮤직비디오로 '최다 조회 수 동영상(Most viewed video online)', '최다 '좋아요' 동영상(Most 'liked' video online)', 세계 최초 '10억 조회를 기록한 첫 동영상(First video to receive one billion views)'으로 기네스북에 이름을 올린 바 있습니다. 이후, 싸이는 2013년 4월 '젠틀맨'이라는 새 노래로 '24시간 동안 가장 많이 본 온라인 동영상'이라는 또 다른 세계 기네스 기록을 세웠습니다. 이로서 싸이는 지금까지 총 4차례 기네스북에 등재되는 진기록을 갖게 됐습니다. 중독성 강한 노랫말과 싸이 특유의 코믹 춤은 전 세계를 열광하게 만들기에 충분했습니다. 싸이는 자신만의 개성으로 '강남스타일'을 통해 한국스타일을 알렸습니다. 즉, K-pop을 널리 알렸고, 팬들과 하나가 되었습니다. 가수 싸이의 뒤를 이을 더 많은 월드스타들이 나와 '한국스타일'이 세계로 펼쳐지길 바랍니다.

KOREAN EASY Self-Study step2

초판발행	2014년 5월 10일
초판 2쇄	2020년 4월 6일
저자	이기영, 윤지원
감수	최정순
책임편집	권이준, 양승주
펴낸이	엄태상
콘텐츠 제작	김선웅, 전진우
마케팅	이승욱, 전한나, 왕성석, 노원준
온라인 마케팅	김마선, 조인선
경영기획	마정인, 최성훈, 정다운, 김다미, 전태준, 오희연
물류	정종진, 윤덕현, 양희은, 신승진
펴낸곳	한글파크
주소	서울시 종로구 자하문로 300 시사빌딩
주문 및 교재 문의	1588-1582
팩스	(02)3671-0500
홈페이지	http://www.sisabooks.com
이메일	book_korean@sisadream.com
등록일자	2000년 8월 17일
등록번호	1-2718호

ISBN   978-89-5518-202-6   18710
            978-89-5518-201-9   (set)